생각을 현실로 만드는
13가지 비밀 공식

밥 프록터
생각의 시크릿

밥 프록터, 그레그 S. 리드 지음

김잔디 옮김, 조성희 감수

Thoughts Are Things

진정한 부와 성공을
끌어당기는 비밀

최근 밥 프록터의 신간이 출간된 데 이어 『밥 프록터 생각의 시크릿』이 한국에 재출간되어 기쁘다. 절판되었던 밥 프록터 책의 중고가가 시간이 지날수록 치솟아 재출간을 요청하는 목소리가 높아지는 것은 책의 가치를 알아보는 이들이 점점 많아지기 때문이리라.

밥 프록터는 고인이 되었지만 그의 아이디어는 영원히 남아 이렇게 빛을 발하며 많은 이들에게 영감을 주고 있고, 한국에서도 귀한 책으로 다시 출간되니 더욱 기쁘다. 게다가 그의 제자이자 비즈니스 파트너로서 지난번에 이어 또다시 그의 책을 감수하고 추천의 글까지 쓰게 되어 무척 영광스럽고 감사할 따름이다.

15년 전 미국 트레이닝에서 밥 프록터는 한 권의 책을 보여주었다. 그가 "이 책이 나의 인생을 바꿔주었다"며 꺼내든 책. 얼마나 많이 읽었는지 조각조각 난 것을 이어붙이다 못해서 너덜너덜해진 책. 나는 그 책을 아직도 잊을 수가 없다.

'몇 번을 읽으면 책의 상태가 저렇게 될 수 있을까?' 책의 상태도 놀라웠지만 한 권의 책을 저렇게 반복해서 읽는다는 생각 자체가 나에겐 너무나도 신선한 충격이었다. 그런데 그 자리에 왔던 다른 멘토들의 책 상태도 똑같았다. 모든 책이 다 조각조각 나 있었고, 곳곳이 다 해져서 어떤 부분은 글씨도 알아볼 수 없을 정도였다!

'책을 수백 번 읽으며 완전히 걸레짝이 되도록 씹어 먹을 수도 있구나!'라는 생각에 나 또한 한국에 돌아와 그 책을 읽고, 읽고, 또 읽다 보니 내 책도 그들의 책처럼 어느 순간 걸레짝이 되어 있었다. 그리고 그 후 내 인생도 정말 180도 바뀌게 되었다.

바로 그 책이 어떻게 시작되었는지에 대한 스토리가 이 책의 프롤로그에 매우 자세히 설명되어 있다. 1908년, 세계 최고의 부자였던 앤드루 카네기Andrew Carnegie와 젊은 기자였던 나폴레온 힐Napoleon Hill의 운명적인 만남이 있었다. 그들의 첫 만남부터 어떻게 그 책의 아이디어가 시작되었는지 당시의 상황을 상상하며 따라가다 보면 이야기가 더욱 흥미롭게 다가올 것이다. 나폴레온 힐은 29초 만에 "제안을 받아들이겠습니다. 그리고 제가 그 일을 꼭 해내겠습니다"라고 결단을 내렸는데, 실제로 그 책을 완성시키기까지는 20년이 훨씬 넘는 시간이 걸렸다.

당대의 성공한 수백 명 이상의 인물들을 수년 동안 인터뷰하고 연구해 드디어 1937년 세계 최초로 성공의 공식을 정리한 책이 세상에 나왔다. 『생각하라 그리고 부자가 되어라(Think and Grow Rich)』가 탄생한 순간이었다. 제목 그대로 수많은 사람이 이 책을 통해 백만장자가 되었고, 지금까지도 자기계발서의 성경책이라 불리고 있다.

'어떤 책을 어떤 마음으로 읽는가'는 매우 중요하다. 하나의 책에 담긴 가치를 알고 나면, 그 의미 하나하나를 마음에 더욱 새기게 되기 때문이다.

『밥 프록터 생각의 시크릿』의 원제, 'Thoughts are Things
(생각은 실체다)'는 『생각하라 그리고 부자가 되어라』의 맨 처음
에 나오는 중요한 문구이기도 하다. 이 말 그대로 우리의 인생
은 생각하는 그대로 된다.

재미있는 통계가 있다.

'이 세상에서 단 1%의 사람들만이 생각을 한다.

3%의 사람들은 자신이 생각한다고 생각한다.

그리고 나머지 96%의 사람들은 생각하느니 차라리 죽겠
다고 한다.'

지금 마음속으로 '나도 생각은 하면서 사는데……'라고
생각하는 분들이 있을 것이다.

그러나 잘 생각해 보자. 내가 생각하는 것들이 정말로 내
가 주체적으로 원하는 삶에 중점을 맞춘 창조적인 생각이 맞
는지, 아니면 과거의 기억과 주위 사람에 의해서 형성된 믿음
체계에 기반을 둔 천편일률적인 생각인지.

대다수 사람이 과거의 상념에 사로잡혀 있거나 지금까지

자신이 살아왔던 만큼의 경험대로 극히 제한된 틀 속에서 생각하며 살아간다. 우리는 문화적인 패러다임, 사회적인 패러다임에 나를 끼워 맞추며 남들처럼 살아가며 생각하는 데 익숙해져 있는 것은 아닐까?

'나는 반드시 부자가 되겠다' '나는 반드시 승진하겠다' '나는 내 사업을 키워가겠다 혹은 매출을 늘려가겠다' '나는 매력적인 사람이 되겠다' 등 모든 사람은 인생에서 지금보다 더 나은 결과를 얻고 싶어 하고 더 잘살고 싶어 한다. 조금 더 행복해지고, 조금 더 건강해지고, 조금 더 부유해지고 싶어 한다. 그래서 부단히 애를 쓰며 행동을 바꾸고자 노력하지만, 결과는 바뀌지 않고 힘만 빠진다.

눈에 보이는 결과를 바꾸고자 한다면 원인이 먼저 바뀌어야 한다. 그래야 그 원인에 따른 결과도 바뀐다. 즉, 열매가 달라지길 바란다면 우선 뿌리가 달라져야 한다는 뜻이다. 사과씨를 심으면 사과 열매가 열리는 것은 극히 당연한 자연의 이치이다. 그러나 대부분의 사람은 씨앗은 그대로 두고 열매만 바꾸려 한다. 보이는 사과가 마음에 들지 않아서 그 사과를 포도로 바꾸기 위해 사과나무에 포도를 붙이려고 노력하고 있는 격이다. 그 근본적인 원인인 보이지 않는 땅속 씨앗을 바꿔주어야 포도 열매가 열리는데 말이다! 그러니 아무리 노력해도 안 되고 힘든 것이다. 원인을 제대로 고치지 않으니 답이 안 나오는 것은 당연한 이치이다.

보이는 것보다 보이지 않는 것의 힘이 훨씬 더 강력하다. 보이지 않는 땅속의 사과 씨앗이 보이는 땅 위의 사과 열매를 창조한다.

지금 내가 돈이 없다는 것은 보이는 결과이다. 그 원인이 되는 뿌리는 무엇일까? 외적인 결과를 바꾸는 방법은 오직 하나, 내부에서 돌아가는 내적인 세계를 바꾸는 것이다.

당신의 삶이 겉보기에 잘 돌아가지 않는다면 내면에서 무엇인가 잘못 돌아가고 있기 때문이다.

그 원인은 바로 생각이다. 우리의 생각이 감정을 낳고, 감정이 행동을 낳고, 행동이 결과를 낳는다.

지금 당신이 사업을 운영하고 싶든, 사업을 이미 운영하고 있든, 일반 회사원이든, 학생이든, 백수든, 아니면 집도 절도 없이 갈 곳 없는 신세든 상관없다. 당신이 누구든, 어떠한 상황에 처해 있든 상관없다. 그것은 지금 눈에 보이는 결과일 뿐이다.

당신의 인생에 나타나는 결과를 앞으로 정말 바꾸고 싶다면, 바로 지금부터 '생각'을 바꿔야 한다.

"사람은 생각하는 대로 된다(We become what we think about)."

이것이 바로 지난 6000년간 모든 유명한 사상가와 철학자, 현자들이 동의한 이야기다.

아주 단순해 보이는데 그렇게 쉽지만은 않다. 왜 그럴까? 우리는 단 한 번도 어떻게 생각해야 하는지 배워본 적이 없기 때문이다.

학교나 어떤 교육기관에서도 생각하는 법은 배운 적이 없다. 암기 위주의 주입식 교육만 받아왔을 뿐, 어떻게 생각해야 하는지는 배우지 않았다. 따라서 지금부터 진정으로 어떻게 생각해야 하는지 공부하고, 이해하고, 삶에서 연습해 봐야 한다.

『밥 프록터 생각의 시크릿』속의 내용들은 당신을 진정한 부와 성공으로 이끄는 생각으로 인도할 것이다. 그 생각들을 나의 잠재의식 속에 체화시키자! 지금 처한 현실은 바꿀 수 없지만 나의 '생각'은 바꿀 수 있다. 우리 모두는 자신 안에 잠재되어 있는 무한한 가능성을 발견하고, 그것을 사용하고 단련시켜서 모든 상황을 바꿀 수 있는 능력을 가지고 있다.

놀랍고 멋진 단 하나의 삶은 바로 내가 창조하는 것이다. 지난 13년간 마인드파워 스쿨을 통해 인생 반전을 이뤄낸 분들이 생각의 힘은 모든 것을 가능하게 한다는 사실을 직접 증명했다. 그리고 무엇보다도 가난하고, 소심하고, 부정적인 생각만 하던 내가 이렇게 달라졌으니 '생각의 시크릿'은 대단하다!

지금까지 당신이 원하지 않는 결과들만 가득한 삶이었더라도 지금부터 바꿀 수 있다. 바로 '당신'이 운명의 선장임을 꼭 기억하자. 자! 이제 담대히 노를 저어갈 준비가 되었는가?

조성희, 마인드파워 스쿨 대표
밥 프록터의 한국 유일 비즈니스 파트너

생각을 비즈니스로 만드는
백만 달러짜리 아이디어

'생각은 실체가 된다(Thoughts are Things)'는 성공에 철저히 초점을 맞춘 책 『생각하라 그리고 부자가 되어라』의 첫머리를 장식하는 말이며 모든 성공의 시작점을 나타낸다. 당신은 살면서 좋은 아이디어를 낸 적이 있는가? 당연히 있을 것이다. 그런데 그 좋은 아이디어로 돈을 번 적은 있는가?

성공적인 비즈니스는 다른 사람의 문제를 해결하거나 욕구를 채워주는 것으로 시작한다. 머릿속에 떠오르는 생각은 기업가 정신을 자극하고, 곧바로 당신만의 지식 재산을 창조

한다. 세계지적재산권기구World Intellectual Property Organization
에 따르면 '지식 재산은 발명, 문학이나 예술 작품, 디자인을
비롯하여 상업적으로 활용되는 상징과 이름, 이미지 같은 지
적 창조물'을 뜻한다. 지식 재산은 인간의 지성과 창의력, 혁
신, 노하우를 비롯하여 다른 사람과의 관계에서 파생하는 명
성과 선의로 만들어내는 무형 자산이다.

　수십 년 전까지만 해도 미국의 기업 자산 가치는 대부분
부동산이나 공장, 설비 같은 유형 자산에서 나왔다. 지식 재산
같은 무형 자산은 기업 자산 가치의 약 20%에 지나지 않았다.
하지만 2005년에 무형 기업 자산과 유형 기업 자산의 비율이
근본적으로 뒤바뀐다. S&P500(미국의 신용평가사 스탠더드앤드푸어
Standard & Poor가 선정한 상위 500종목) 기업의 시장 가치 가운데 무
형 자산이 차지하는 비율은 약 80%에 육박한다. 미국 상무부
에서는 이렇게 이야기했다. "전체 미국 경제는 어떤 형태로든
지식 재산에 의존한다. 사실상 모든 산업에서 지식 재산을 생
산하거나 사용하기 때문이다."

　달리 말하면 우리 경제의 미래는 기업가적 사고에서 출발
한 지식 재산에 달려 있다는 뜻이다. 비즈니스를 시작하거나
구축할 때 이제 막대한 자본은 필요하지 않다. 지식 재산의 중

요성이 커지고 인터넷 덕분에 커뮤니케이션이 간편해지면서, 그 어느 때보다 쉽게 좋은 아이디어를 중심으로 비즈니스를 구축할 수 있게 되었다.

내 비즈니스가 성공한 건 책과 게임 같은 교육 제품과 연계하여 지식 재산을 창조하고, 이를 전달하는 시스템을 구축한 덕분이다. 나는 멋진 남편 마이클 레흐트Michael Lechter와 긴밀히 협력하며 행복하게 일하고 있다. 남편은 지식 재산 전문가로서 국제적인 명성을 쌓았다.

문제를 해결하거나 욕구를 충족할 때는 구체적인 법적 보호 장치(특허, 상표, 저작권 등록, 계약 협의 등)를 갖춰야 하고, 솔루션을 전달하거나 서비스를 제공할 시스템을 구축해야 한다. 당신의 머릿속에서 나온 생각을 실제로 비즈니스로 만드는 건 바로 이 시스템이다.

이 책은 당신을 위해 완벽한 타이밍에 등장했다. 여기서는 이 시스템을 활용하여 성공적인 비즈니스를 구축할 뿐만 아니라 그 과정에서 자기가 속한 공동체에 긍정적이고 큰 영향을 준 놀라운 인물들을 소개한다. 이 이야기를 읽을 때는 꼭 메모장을 옆에 두고 마음속에 떠오르는 생각을 기록하자.

앞으로 당신이 하는 생각은 기업가 정신을 불러일으킬 것이고, 지식 재산을 창조할 것이며, 다음 비즈니스의 시작점이 될 것이다. 이제부터 이 책에서 소개할 백만 달러짜리 아이디어들을 함께 살펴보자.

샤론 레흐트, 국제 공인회계사
『부자 아빠 가난한 아빠』, 『결국 당신은 이길 것이다』 공동 저자,
『여자를 위한 생각하라 그리고 부자가 되어라』 저자

이 책은 어려운 시기에 강인한 정신력으로 도전 의욕을 키우고, 꿈을 이루어가는 긴 여정에 피로를 풀어줄 샘물 같은 책이다. 인간의 가장 소중한 자산인 '생각'의 중요성을 생생하게 전달해 주고 있다. 독자의 마음을 긍정의 무늬로 아름답게 디자인할 것이다.

김경일
인지심리학자, 아주대학교 심리학과 교수

밥 프록터는 100년간 이어져온 나폴레온 힐의 성공 철학을 살아 숨 쉬게 한다.

브라이언 트레이시Brian Tracy,
세계적인 베스트셀러 작가,
『브라이언 트레이시 성공의 지도』 외 다수 저

사람들이 어떻게 생각에서 실체를 창조하는지 예리하게 관찰한 역작이다.

데이브 리니거Dave Liniger,
리맥스 공동 창립자

삶의 모든 것을 바꾸고 싶으면 생각부터 바꿔야 한다. 행동과 결과를 좌우하는 건 생각이다. 생각을 어떻게 바꿔야 할지 모르겠다고? 일단 이 책부터 읽어라.

짐 스토벌Jim Stovall,
『최고의 유산The Ultimate Gift』 저자

전 세계 수많은 사람들의 삶에 영향을 줄 대단한 책이다.

데니스 웨이트리Denis Waitley,
작가, 강연자, 생산성 컨설턴트

탁월한 책이다. 강력하게 추천한다.

프랭크 생크위츠Frank Shankwitz,
메이크어위시 재단 공동 창립자

시대를 관통하는 나폴레온의 힐의 가르침을 계승하고 업그레이드한 책이다.

레스 브라운Les Brown,
동기부여 강연자

당신은 운명의 주인이다.
스스로 환경에 영향을 미치고,
방향을 바꾸고, 통제할 수 있다.
당신은 원하는 방향으로 삶을 창조할 수 있다.

- 나폴레온 힐

생각을 바꾸니
인생이 바뀌었다

해마다 어김없이 세상을 뒤흔드는 사건들이 발생한다. 이런 업적과 발전은 역사와 사회 전체에 지워지지 않는 흔적을 남기기 마련이다. 1937년도 예외는 아니었다. 사실 나는 지금으로부터 거의 100년 전인 이때가 인류 역사상 가장 중요한 해였다고 생각한다.

이 해에는 월트 디즈니의 장편 애니메이션이 개봉됐다. 미술계에 논란을 몰고 다니는 흥미진진한 새 얼굴 파블로 피카소가 등장한 해이기도 하다. 또한 금문교도 완공됐다.

1937년에 나일론의 특허가 등록됐고, 하워드 휴스_{Howard} Hughes는 대륙 횡단 비행 신기록을 달성했다. 『생쥐와 인간』, 『아웃 오브 아프리카』를 비롯하여 『호빗』이 문단에 처음 등장한 해이기도 하다.

하나같이 경이로운 사건이지만, 내가 보기에 1937년이 역사적으로 손꼽히게 중요한 해인 이유는 따로 있다. 획기적인 책이 그해에 출간됐다. 지금 이 순간에도, 그리고 틀림없이 앞으로도 수백만 명의 삶에 막대한 영향을 줄 책 『생각하라 그리고 부자가 되어라』가 등장한 것이다.

이 기적 같은 책이 출간된 배경에는 20세기 초반의 가장 흥미진진한 사연이 숨어 있다. 여기에는 그 시대 특유의 신화에 가까운 역동성과 스릴, '할 수 있다' 정신이 완벽하게 담겨 있다.

성공 철학의 창시자

모든 것은 위대한 철강왕이자 자선가 앤드루 카네기의

머릿속에서 시작한다. 카네기는 무일푼에서 거부가 된 자수성가의 전설이다. 그는 스코틀랜드의 가난한 집에서 태어나서 어렸을 때 부모와 함께 미국으로 이민했고, 결국 당대 가장 부유한 사업가가 됐다. 카네기가 설립한 회사를 발판으로 US 스틸이 탄생했다.

카네기는 엄청난 부와 성공을 이루기까지 자신이 해온 일들을 토대로 나름대로 이론을 세웠다. 그는 위대한 업적을 달성하려면 '특정한 일'을 '특정한 방식'으로 해야 한다고 확신했다. 그리고 이것이야말로 성공한 사람들이 빠짐없이 공유하는 공통분모라고 믿었다. 카네기는 누구든, 어떤 환경과 상황에 부닥쳤든, 단계별 공식을 알고 자세히 설명할 수 있으면 이 공식을 따르기만 해도 부와 성공을 거머쥘 수 있다고 생각했다. 그래서 그는 한 기자에게 자신의 이론을 증명하고 그 과정에서 세상을 바꿀 수 있게 도와달라고 요청한다.

1908년, 나폴레온 힐이라는 젊은 기자가 이 위대한 기업가의 인터뷰를 맡았다. 성공한 인물을 다룬 출판물 시리즈를 제작하기 위해서였다. 원래 그는 세 시간을 할애할 계

획이었지만 사흘 밤낮을 꼬박 매달린 다음에야 이 인터뷰
를 끝낼 수 있었다.

인터뷰에 걸린 시간보다 놀라운 건 인터뷰가 끝나갈 무
렵 카네기가 힐에게 던진 제안이었다.

젊은이, 자네가 20년간 무급으로 일할 용의가 있다면 우
리 시대에 가장 중요하고 영향력 있는 리더들을 만나게 해
주겠네. 이 사람들을 만나는 과정에서 자네는 성공에 필요
한 공식을 세계 최초로 찾아내고, 정립할 수 있을 걸세.

아주 뜻밖의 제안이었고, 이런 말을 선뜻 받아들일 용기
나 선견지명이 있는 사람은 드물다. 하지만 힐은 평범한 사
람이 아니었다. 그는 자기 앞에 놓인 기회가 자신과 이 세
상에 얼마나 놀라운 잠재력을 발휘할지 단번에 파악할 수
있었다. 힐은 카네기의 눈을 똑바로 응시하며 말했다. "당
신의 제안을 받아들일 뿐만 아니라 꼭 해내겠다고 약속합
니다."

당시 힐은 몰랐지만 카네기의 놀라운 제안을 받은 사람

은 그가 처음이 아니었다. 이미 250명이 넘는 사람들이 똑같은 제안을 받았던 것이다.

하지만 힐은 카네기의 제안을 수락한 최초의 인물이었다. 그리고 힐 역시 나중에서야 자신의 결단이 얼마나 중요했는지 깨달았다.

엄격한 행동파 카네기는 제안한 순간부터 상대방이 결심을 내리기까지 시간을 딱 60초 주겠다고 미리 마음먹고 있는 상태였다. 이 일을 하려면 어떤 사람이 필요한지 알고 있었기에 우유부단한 사람에게는 관심도 없었다. 힐이 사무실을 떠날 때 카네기는 아까 켰던 스톱워치를 주머니에서 꺼냈다. 여전히 31초가 남아 있었다. 둘도 없는 적임자를 찾은 것이다.

카네기는 동시대의 지성인들에게 추천장을 써주겠다고 약속하면서, 누가 힐을 보냈는지 알면 필요한 만큼 시간을 내줄 거라고 장담했다. 카네기는 이 약속을 지켰고 힐은 덕분에 토머스 에디슨Thomas Edison, 헨리 포드Henry Ford, 알렉산더 그레이엄 벨Alexander Graham Bell, 존 데이비슨 록펠러John Davison Rockefeller 등 당대 최고의 선구자적 인물들을 만나 그들과 시간을 보낼 수 있었다.

힐은 오랜 기간에 걸쳐 이들을 포함한 수백 명을 인터뷰했고, 그 과정에서 카네기가 머릿속으로 그렸던 공식을 빚어나갔다. 힐은 탐구를 시작한 지 거의 20년이 지난 1937년에 결과물을 출판했고, 이 책이 바로 역대 최고의 베스트셀러이자 가장 영향력 있는 책으로 자리 잡은 『생각하라 그리고 부자가 되어라』이다.

힐은 이 책에 그동안 배운 모든 것을 '성공 철학'이라는 이름으로 압축하여 소개했다. 이 철학은 다음과 같은 13개의 개별 원칙, 혹은 '성공 열쇠'로 구성된다.

1. 명확한 목표
2. 마스터 마인드의 힘
3. 한 걸음 더 나아가는 끈기
4. 신념을 향한 몰두
5. 호감을 주는 유쾌한 성품
6. 자제력
7. 긍정적인 태도

8. 열정

9. 체계적인 계획

10. 역경과 실패를 통한 교훈

11. 창의적인 비전

12. 정확한 사고

13. 강력한 습관의 힘

힐은 이 성공 열쇠를 자기 것으로 만드는 사람은 누구나 평생의 부와 성공으로 이어지는 문을 열 수 있다고 주장했다. 그리고 이러한 매력적인 원칙에 진짜 결과가 존재한다는 사실이 곧 드러났다. 이 원칙을 충실하게 적용한 사람들은 힐이 말한 방식 그대로 효과가 나타난다는 것을 깨달았다. 이 원칙은 굳건하고 믿을 수 있으며, 원하면 누구나 이룰 수 있는 진정한 성공 공식이었다. 이렇게 카네기의 이론이 증명됐고 전설이 탄생했다.

『생각하라 그리고 부자가 되어라』가 출간되고 지금까지 세상에 미친 영향력은 아무리 강조해도 지나치지 않다. 1970년 힐이 사망했을 무렵 이 책은 이미 2000만 부라는 판매고를 올렸다. 2021년 기준 이 숫자는 1억 2000만 부에 가깝게 추정되며, 책을 중고책 서점에서 구매했거나 도서관에서 빌린 수백만 명은 고려하지 않았다. 이 책은 오늘날 자기계발 운동의 초석을 마련했으며 전 세계에서 크게 성공한 수많은 기업과 단체, 개인에게 영감을 준 책으로 공공연히 평가받고 있다.

단 하나의 강력한 생각이
만들어내는 위대한 파급 효과

이 인생을 바꾸는 책을 내가 처음 접한 건 1961년으로, 힐과 카네기의 역사적인 첫 만남 이후 50여 년이 지난 시점이다. 나보다 나이가 많고 현명한 친구(얼마 지나지 않아 내 수호천사라고 생각하게 된 사람이다)가 내 인생이 어떤 상태인지 지켜보더니 『생각하라 그리고 부자가 되어라』를 건네주면서 꼭 읽어보라고 추천했다.

그 이후 내 삶은 완전히 바뀌었다. 그때까지 내 인생은 한마디로 길을 잃은 상태였다. 당시에 하던 일은 아무런 성과가 없었고 도저히 못 갚을 것 같은 막대한 빚을 지고 있었다. 내가 처한 상황이 달라지거나 나아질 거라는 미래의 비전도 없었다.

『생각하라 그리고 부자가 되어라』는 그 모든 걸 바꿨다. 그것도 곧바로.

이 책을 통해 예전에는 존재하는지도 몰랐던 온갖 가능성이 눈에 들어왔다. 내 머릿속에 존재하는 무한한 잠재력, 즉 막강하고 특별한 생각의 힘을 이해하면서 모든 것의 핵심을 꿰뚫는 경이로운 깨달음이 찾아온 것이다.

예전에는 한 번도 이런 생각을 떠올린 적 없었다. 내 상황이 이렇게 된 이유조차 고민하지 않았을 정도였다. 나는 많은 세상 사람들과 같은 방식으로, 즉 피해자로서 나 자신을 바라봤다. 내 생각 때문에 상황이 엉망이 됐다는 사실을 전혀 깨닫지 못했다. 생각을 바꾸면 거기서 벗어날 수 있다고는 꿈도 꾸지 못했다.

이 깨달음은 내 안에 깊고 심오한 열정을 일으켰다. 나는 자기계발이라는 주제에서 최대한 많은 정보와 통찰을 얻으려고 게걸스럽게 달려들었다. 제임스 앨런James Allen 의 불멸의 저서『위대한 생각의 힘』과 월러스 워틀스Wallace Wattles의 명저『부자가 되는 과학적 방법』같은 책에서도 답을 구했다. 전설적인 자기계발의 대가 얼 나이팅게일 Earl Nightingale과 그의 비즈니스 파트너 로이드 코넌트Lloyd Conant 같은 멘토에게서도 찾았다. 결국 두 사람이 세운 선도적 기업 나이팅게일-코넌트Nightingale-Conant에서 함께 일하기도 했다.

나는 기회가 될 때마다 이 모든 것의 시작이 된 나폴레온 힐의『생각하라 그리고 부자가 되어라』를 수없이 반복해서 읽었다.

머릿속에 좋은 생각을 채울수록 내 삶은 한층 부유해졌다. 물질적으로는 말할 것도 없다.『생각하라 그리고 부자가 되어라』를 읽은 지 1년 만에 연간 수입이 4000달러에서 17만 5000달러가 됐다. 그리고 3년도 안 돼서 이 금액은 100만 달러 이상으로 뛰었다. 세계 각국에서 기업을 사고 팔았으며 베스트셀러를 썼고 영화와 TV 프로그램에 출연했다. 세계 일류 기관에 컨설팅하고 국가 지도자에게 조언하기도 했다. 이러한 일들의 대가로 막대한 금전적 보상을 받았다.

오래전 그날 이후 나는 다른 여러 가지 면에서 '부자가 됐다.' 의식과 이해가 풍부해졌고 우정과 사랑이 넉넉해졌으며 넘치는 자유를 얻었다. 다른 누구도, 무엇도 아닌 내게 운명을 결정할 힘이 있다는 사실을 깨달으면서 오는 놀라운 자유였다. 무엇보다 보람 있는 건 뜻깊은 지식이 풍성해진 덕분에 다른 많은 이가 꿈을 알아차리고 멋진 자유를 얻을 수 있게 도와줬다는 점이다.

오래전에 『생각하라 그리고 부자가 되어라』가 내 안에 일으킨 불씨는 전혀 사그라지지 않은 채 지금까지도 타오르고 있다. 나는 프록터 갤러거 인스티튜트Proctor Gallagher Institute에서 파트너이자 공동 창립자인 샌디 갤러거Sandy Gallagher, 그리고 헌신적인 팀원들과 함께 비전 선언문의 표현대로 '개인의 생각을 향상하여 전 세계 사람들의 삶을 개선'하기 위해 다양한 방법을 동원하여 매일같이 고군분투했다. 힐 박사가 제시한 생각의 힘으로 움직이는 성공 원칙이 이 비전의 기저를 이루는 영감의 원천이자 등대가 되었음은 물론이다.

이 모든 원칙의 결론은 생각이 중요하다는 것이다. 생각은 대단히 중요하다. 단 하나의 강력한 생각이 파급 효과를 일으켜서 짐작도 안 될 만큼 많은 사람의 인생을 다양한 방식으로 건드리고 바꿔버리곤 한다.

힐 박사는 뛰어난 아이디어를 실현시킨 걸출한 생각 리더들과 같은 시대에 살았다. 이들의 이름은 지금까지도 우리에게 경외감과 존경심을 불러일으키고, 이들의 업적은 우리의 삶에 매일같이 영향을 미친다.

하지만 우리가 사는 시대에도 그런 선구자와 성취자가 가득하다. 그들은 직간접적으로 힐 박사의 철학이 주는 혜택을 받았다. 이들이 성장한 세계와 문화에는 상상하고 열망하는 게 무엇이든, 그것을 이루고 가질 수 있는 잠재력이 개인의 위대한 마인드에 존재한다는 생각이 널리 퍼져 있기 때문이다.

앞으로 이어질 내용에서는 이런 리더들을 만나볼 것이다. 이들은 무엇을 달성했으며 그 이면에는 어떤 생각이 깔려 있을까? 생각은 어떤 방식으로 세상에 반향을 일으키고 개인뿐만 아니라 다른 많은 이의 삶에 변화를 가져왔을까? 힐 박사와 동시대에 살았던 리더들이 그랬던 것처럼, 생각은 어떻게 우리의 미래를 창조할까?

여기서 함께 리더들을 알아가며 그 이야기에 귀를 기울이고, 이들의 업적에서 영감을 얻을 때 이 한 가지는 꼭 기억하길 바란다. 그들이 한 것은 당신도 할 수 있다. 그 힘을 얻으려고 내면이 아닌 외부로 눈을 돌릴 필요는 없다. 이미 당신 안에 있기 때문이다. 그 힘은 생각의 힘이자 정신의 힘이다. 힘을 불러일으키려면 그저 믿고 행동하면 된다.

그럼 시작하자. 지금 시작해야 한다. 내 위대한 영감의 원천이자 멘토인 힐 박사는 이렇게 말했다. "기다리지 마라. '완벽한' 타이밍은 절대로 찾아오지 않는다."

차례

1장
운은 거짓이다

2장
당신이 매번 실패하는 이유

Thoughts Are Things

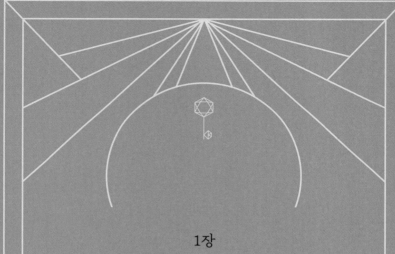

1장

운은 거짓이다

BOB PROCTOR

성공한 사람이 성공하는 이유는
성공하는 습관을 지녔기 때문이다.

- 나폴레온 힐

세상에는 마법처럼 성공을 끌어들이는 사람이 가득해 보인다. 본인이 굳이 기회를 찾지 않아도, 거꾸로 기회가 이들을 찾아내는 듯하다. 과거에는 수많은 앤드루 카네기와 헨리 포드가 있었고 지금은 도널드 트럼프Donald Trump와 빌 게이츠Bill Gates가 넘쳐난다.

사람들은 이런 성공을 운으로 치부하곤 한다. 하지만 반복적으로 성공하는 사람들은 해야 할 일을 올바른 순서로 했다는 공통점이 있다. 성공은 흔적을 남긴다. 계속해서 성

운은 거짓이다

과를 내는 사람들을 연구해 보면 성공할 때마다 습관적으로 어떤 패턴을 따르는지 추적하고 정의할 수 있다.

나폴레온 힐은 카네기에게 이 화제를 꺼냈다. "운이 따라서 성공하는 경우가 많지 않을까요?" 카네기는 특유의 직설적 표현으로 자신의 생각을 말했다. "내가 생각하는 성공에 운이라는 요소는 전혀 없어. 어쩌면, 아니 가끔 실제로도 순전히 우연이나 운으로 기회를 맞닥뜨릴 수 있겠지. 하지만 이런 사람들은 경쟁자가 앞서 나가면 곧바로 기회를 놓칠 거야."

달리 말하면 기회는 분명한 규칙이나 이유 없이 나타날 수 있지만, 기회를 잡는 것만으로는 성공할 수 없다는 뜻이다. 기회를 통해 성공하려면 특정한 원칙을 습관적으로 지켜야 한다.

카네기는 당연하게도 여기에 딱 들어맞는 사례였다. 기업가이자 철강 거물이며 투자자, 영업인, 그리고 학자로서 남다르게 성공할 수 있었던 건 단지 운이 좋아서가 아니었다. 새로운 기회가 올 때마다 이미 검증된 일정한 성공 법칙을 적용했기 때문이다.

트레이 어반Trey Urbahn도 기회가 올 때 그 자리에 있어야 유리하다는 사실을 인식하고 있었다. 하지만 어반이 생각하는 성공의 비결은 카네기와 마찬가지로 '행운'이 아니었다. 기회를 알아차리고, 적절히 실행하고, 정해진 원칙을 적용해서 효과를 극대화하는 능력이었다.

어반은 제트블루 항공JetBlue Airways, 원스카이OneSky, 아줄 브라질 항공Azul Linhas Aéreas Brasileiras 등 대단한 기업의 막후에서 활동했다. 하지만 그의 가장 눈에 띄는 성취는 여행 상품 할인 사이트인 프라이스라인닷컴Priceline.com을 창립한 것이다.

돈이 아니라 기회를 쫓아라

어떤 일을 할지 결정하는 요인이 무엇이냐는 질문에, 어반은 돈은 전혀 고려 대상이 아니었다고 대답했다.

"저는 돈을 추구하지 않았어요. 기회를 쫓았죠. 항상 제가 좋아하는 일을 했지만, 지금 하는 일을 좋아하지 않는다는 사실을 깨달을 때도 있었어요. 그럴 때는 인생에 변화를 줬어요.”

항공 업계라는 어반의 배경은 기회를 탐색하고 포착할 때 전혀 제약으로 작용하지 않았다. 프라이스라인을 공동으로 설립한 건 과거의 안전지대를 넘어서 지평을 확장할 독특한 기회였다. 친숙한 항공 업계에서 계속해서 영향력을 발휘할 수도 있었지만, 그는 1997년 당시에는 비교적 새로운 개념이었던 인터넷 기반이라는 사실 자체에서 고유성과 강점을 발견했다.

“막 인터넷 거품이 시작될 무렵이었어요. 제이 워커Jay Walker는 상거래를 인터넷으로 전환하겠다는 생각을 했죠. 그때 컨설팅 회사를 운영하면서 제이와 함께 일할 기회가 있었어요. 제가 항공 산업 출신이다 보니, 우리는 프라이스라인을 기본적으로 구매자 중심으로 구축했습니다. 항공사를 대상으로 좋은 가격을 받는 게 목적이었죠. 사람들이 인터넷을 보면서 ‘인터넷이 세상을 바꿀 거다’라고 말하던 시절이었어요.”

그들의 모험은 바로 그 사실을 증명했다.

"성수기에 항공권을 판매한다는 발상에서 시작했어요. 하루에 항공권을 3만 장씩 팔아치웠죠. 이 사업은 주요 고객이었던 항공사의 좌석 이용률에 커다란 영향을 미쳤습니다. 처음에는 참여하지 않는 고객도 있었지만, 항공사 두 곳으로 시작해서 엄청난 실적을 안겨줬더니 다른 항공사들도 발을 들이더군요."

프라이스라인은 처음에 어반의 전문 지식과 경험, 인맥을 활용할 수 있는 항공사 고객에 집중하다가 이후에는 호텔로 고객을 확장했다. 여행 산업이라는 주요 시장을 지키면서도 새로운 영역에서 지식과 전문성을 확보하고, 어반의 원칙을 지키면서 새로운 기회를 포착하고 실행할 수 있는 분야였다.

새로운 아이디어가 세상에 나타나면 흔히 그렇듯 사람들은 처음에 어반과 그의 팀을 미쳤다고 생각했다. 하지만 어반은 기회를 알아봤고 타이밍이 적절하다는 사실을 확신했다. 그들에게는 명확한 비전이 있었고, 열정적으로 이를 현실로 만들었다. 이들의 열정과 신념에는 전염성이 존재했다. 곧 사람들은 그들의 에너지에 동참하고 싶어 했다.

운은 거짓이다

"살다 보면 똑똑한 사람이 제대로 된 기회를 찾지 못하기도 합니다. 하지만 자기가 할 일을 제대로 하고 그 일에 애정이 있으면 결국 기회를 찾을 확률이 높아요. 매일 일하러 가야 할 의욕을 잃어버렸을 때보다는요."

싫어하는 일을 피땀 흘려가며 해봤자 멋진 기회가 문간에 찾아올 가능성은 거의 없다. 대부분 이미 불만에 사로잡혀서 기회를 알아차리기 힘들기 때문이다. 하지만 어반처럼 자기 분야에 진정한 흥미가 있고 일에 열정이 있으면 필요한 기회가 눈앞에 나타나기 마련이다. 어떤 면에서는 행운처럼 보이기도 하겠지만 사실 이것은 우주의 자연법칙이다.

강점은 살리고 약점은 빌려라

어떤 아이디어나 사상이 다른 것보다 성공하는 이유는 무엇일까? 아이디어 자체일까, 아니면 실행을 잘했기 때문일까? 아니면 두 가지 요소를 결합해야 할까? 어반의 경험에 비추면 여기에는 전적으로 다른 요인이 작용한다.

저는 살면서 많은 아이디어를 냈지만, 어떤 건 잘 실행했고 어떤 건 흐지부지했어요. 그러다 훌륭한 아이디어는 다른 사람이 참여하면서 성장한다는 사실을 깨달았죠. 처음에는 아이디어로 시작하는데, 이걸 혼자 실행하려면 능력에 항상 한계가 있기 마련이거든요. 그러니 주변에 신뢰할 만한 사람들을 둬야 합니다. 정말 좋은 아이디어 90%와 수정·보완해서 다른 방향으로 틀어야 할 10%를 구분해 줄 사람들이죠. 좋은 아이디어와 나쁜 아이디어의 비율이 어떻게 되든, 선별을 도와줄 사람이 필요해요.

달리 말하면 처음 아이디어에 지나치게 집착하거나 경직되지 말라는 뜻이다. 마음을 열고 개선 제안을 받아들여야 한다. 알아보지 못할 정도로 변할까 봐 두려워서 끌어안고 보호하다가, 결국 세상의 빛을 보지 못한 훌륭한 아이디어가 무수히 많다. 당신의 아이디어에 강점과 약점이 다 있다는 것을 받아들여라. 그다음 용기를 내서 필요한 말과 듣

운은 거짓이다

기 싫은 말을 해줄 사람들을 주변에 둬야 한다.

어반은 자기 약점이 무엇인지 알았기 때문에 그것을 보완하고 균형을 잡아줄 사람들을 가까이했다. 그래서 더 강해질 수 있었다.

항상 나보다 나은 사람을 고용해야 합니다. 쉽지 않을 때가 많지만 그럴 가치는 충분해요. 저는 큰 회사와 작은 회사에서 모두 일해봤는데 어딜 가나 '나는 원래 이래'라며 자신을 스스로 규정짓는 사람들이 있어요. 이들은 자기보다 뛰어난 사람을 고용하기 두려워하죠. 이런 사람들이 빛을 보는 경우는 거의 없습니다. 결국 일을 해내는 건 주변인들의 재능을 활용하는 사람이에요.

어반은 이 전략을 '강점을 살리고 약점을 빌리는' 전략이라고 부른다. 이는 어반이 계속해서 성공할 수 있었던 비결이기도 하다.

힐은 천재를 '자기 정신을 온전히 장악하고, 외부의 영향으로 용기가 꺾이거나 잘못된 길로 가는 일 없이 자신이 선택한 목표를 향해 나아가는 사람'으로 정의한다. 어반은 자신의 목표를 제대로 이해했고, 아이디어나 계획을 개선하도록 도와줄 사람들을 찾아서 상호 이익을 기반으로 몇 번이고 다시 쓸 수 있는 성공 모델을 창조했다.

세상에는 당신의 생각과 아이디어를 실행하고 현실로 옮겨줄 능력과 의지가 있는 사람이 넘친다. 이들에게 도움을 청하면, 그 사람들에게도 자기 강점을 드러내고 공통의 성공에 참여할 기회를 주는 셈이다. 다른 이가 산을 오르는 걸 도와주면 자신도 더 높이 올라갈 수 있다.

성공에는 패턴이 있다

성공해 본 사람은 한결같이 말하겠지만, 운이 성공을 가져올 수는 없다. 여러 번 성공해 본 사람에게는 공통적인 패턴이 있다. 이들은 스스로 뭘 하고 싶은지 알고 있고, 경험과 전문성을 동원하여 새로운 아이디어와 비즈니스를 창조한다. 이들의 성공은 불가능에 도전하는 확률 게임이 아니라, 오랜 세월 전설적인 리더들이 활용했던 성공 원칙을 의도적으로 지킨 결과였다. 이렇게 검증된 원칙을 적용하면 성공은 필연적으로 성공을 낳는다.

어반이 기회가 왔을 때 프라이스라인을 창립한 것처럼, 성공의 핵심 열쇠는 기회가 문을 두드릴 때 인식하는 데 있다. 진짜 성공의 조짐은 기회가 아니라 그 기회로 무엇을 하느냐에서 나타난다.

기회는 항상 문을 두드린다. 올바른 일을 올바른 순서로 하기 시작하면 당신에게도 노크 소리가 들려올 것이다.

운명을 바꾸는 🗝 생각의 비밀

1. 운만으로는 성공할 수 없다. 성공하려면 특정한 원칙을 습관적으로 지켜야 한다.
2. 사랑하는 일을 하라.
3. 내가 가진 강점은 살리고, 약점은 다른 사람들의 의견을 통해 보완하라.

운은 거짓이다

Thoughts Are Things

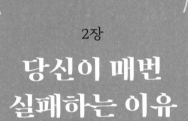

2장

당신이 매번
실패하는 이유

지성의 진정한 척도는 실행이다.

– 나폴레온 힐

나폴레온 힐의 '생각은 실체가 된다'라는 말은, 자신의 목표를 이룬 사람들은 일을 시작하기 전부터 이미 그 일에 대해 마음속에서 생각하고 있었다는 의미다. 이게 사실이라면, 다른 이들이 가만히 있을 때 왜 어떤 이는 생각을 실천으로 옮기는 걸까? 누군가에게 생각은 단순히 시간을 때우는 방법일 뿐인데, 왜 이들에게는 특별한 성취의 씨앗이 되는 걸까?

　하버드 의대 정신의학과의 임상 조교수 스리니 필레이

박사Dr. Srini Pillay는 이 질문에 독특하면서도 가치 있는 관점을 보여준다. 필레이 박사는 뇌 영상 분야 연구원으로 하버드에서 제일 큰 정신의학 병원이자 미국에서 꾸준히 3대 정신의학 병원으로 꼽히는 맥린 병원McLean Hospital에서 17년 넘게 뇌를 연구했다. 그는 이곳에서 외래 환자 불안 장애 프로그램Outpatient Anxiety Disorders Program 책임자로 근무했다.

필레이 박사는 오랜 시간 임상 업무와 연구에 몰두한 끝에 뉴로비즈니스 그룹NeuroBusiness Group이라는 회사를 설립했다. 뇌 연구로 검증한 방식을 활용해 기업 세계는 물론이고 그 외부 사람들도 정신적 문제를 극복하고 큰 잠재력을 발견할 수 있도록 도와주는 최초의 기관이다. 이 회사는 2013년 《트레이닝 인더스트리Training Industry》에서 선정한 '리더십 개발 부문 상위 20대 유력 기업'에 선정되기도 했다.

필레이 박사는 뇌와 관련한 주제라면 전문적 관점에서 차고 넘치는 조건을 갖췄을 뿐 아니라, 생각이 실체가 된다는 사실의 살아 있는 증거이자 그 과정에서 나타나는 장애물을 극복하는 데는 개인적인 경험으로 다져진 전문가나 다름없다.

대표적인 사례를 소개한다. 필레이 박사는 어떻게 하버드에 들어갔냐는 질문에 건조하게 대답했다. "전화했어요." 더도 덜도 아닌 진실이었다. 필레이 박사는 하버드에 가고 싶다는 생각이 들자 실제로 전화기를 들고 전화를 걸었다. 하버드 총장을 바꿔달라고 했다가, 학장을 바꿔달라고 했다가 마침내 정신의학과 학과장과 연결됐다. 그는 이력서를 발송하고 전화로 면접을 진행했고 결국 2주 후에 합격했다는 전화를 받았다.

물론 그 전화를 하기 전에 이미 필레이 박사는 탁월한 이력의 소유자였다. 일류 의대생이었고 전문 피아니스트이자 시인, 운동선수였다. 하지만 비슷한 능력을 갖춘 사람은 많았을 것이다. 차이가 있다면 필레이 박사는 생각을 하자마자 실천했다는 점이다. 필레이 박사는 생물학적 관점에서 행동이 일어나려면 행동 두뇌(운동 피질)가 활성화돼야 한다고 설명한다. 아이디어나 생각을 실행하려면 거기 몰입해서 우선순위를 올려야 한다. 필레이 박사가 아이디어에 몰입하도록 이끈 건 견디기 힘든 현재 상황에서 빠져나와야겠다는 깨달음이었다. 정신의학과 레지던트로 일하면서 앞으로 어떤 길을 갈지 선택해야 한다고 절실히 느꼈을 때, 예전과 똑같은 상황에 갇혀 있기보다 변화하는 쪽을 더 긍정적으로 받아들인 것이다. 변화에 대한 열망이 워낙 강렬해서 필레이 박사의 뇌는 이곳을 떠나서 갈 수 있는 곳을 찾아 전화를 걸도록 행동을 이끌어냈다.

현재 상황이 좋지 않고 미래가 훨씬 바람직하다는 메시지를 뇌에 의식적으로 전달하면, 뇌가 움직여서 변화를 일으키게 할 수 있다. 연구에 따르면 '미래의 장점'과 '현재의 단점'을 비교하는 접근법(필레이 박사는 '다음 패 저울질'이라고 한다)은 좌측 전두엽을 활성화하고 변화하려는 의지를 고취하며, 예전 방식으로 돌아가지 않도록 방지한다. 생각을 실체화하는 데 성공하는 사람들은 항상 다음 패를 저울질한다. 반면 저울질하지 않는 사람들은 행동하라고 뇌를 설득할 때 어려움을 겪는다.

그래도 여전히 질문은 남는다. 왜 누군가는 생각을 실행하고 다른 사람들은 가만히 있는 걸까? 필레이 박사의 연구에 나타나듯이, 생각을 실체화하는 과정에서 많은 장애물이 끼어들기 때문이다. 다행히 이 모든 장애물을 쉽게 극복할 방법이 존재한다.

끝을 생각하며 시작하라

먼저 필레이 박사는 『파탄잘리의 요가 수트라』의 고대 수트라(격언)를 언급한다. 욕망과 욕망의 실현은 연속적이고, 둘을 분리할 수 있는 건 시간과 공간뿐이라는 것이다. 필레이 박사에 따르면 둘 사이의 격차를 줄이기 위해서는 뇌가 실행에 옮길 수 있도록 올바른 상황을 만들기만 하면 된다.

사람들이 생각을 행동에 옮기지 않는 근본 이유는 처음부터 목표 중심으로 생각하는 마음가짐으로 전환하지 않기 때문이다. 성공하는 사람은 욕망이 생기는 순간 이미 그것을 달성한 사람처럼 행동한다. 예를 들어 억만장자가 되려는 사람은 막대한 돈이 들어오기 전부터 이미 억만장자처럼 생각한다.

의사가 되고 싶든 댄서가 되고 싶든, 실현하기 전에 그들처럼 생각하고 느끼고 일해야 한다. 그것이 꿈을 이루는 유일한 방법이다.

필레이 박사에 따르면 뇌과학적으로 무수히 많은 근거가 이 관점을 뒷받침한다. 신경학적 관점에서 생각은 뇌에서 일어나는 전기 자극이나 패턴이다. 우리는 언어나 이미지로 경험하지만, 사실 생각은 회로에 흐르는 전자일 뿐이다. 생각을 실체로 만들려면 이런 생각 회로를 행동 회로와 연결해야 한다. 회로를 연결하는 가장 쉬운 방법은 이미 목표를 달성했다고 상상하는 것이다. 상상하면 뇌의 GPS에 목적지가 입력된다. 그러면 뇌는 목적지로 가는 길을 찾을 수 있게 도와준다.

그렇다면 왜 많은 이가 유람선을 타는 상상을 하고도 타지 못하는 것일까? 완벽한 사람과 사랑에 빠지는 상상을 하는데 아무도 만나지 못하는 이유는 뭘까? 살이 빠지는 날을 상상해도 전혀 안 빠지는 이유는? 필레이 박사에 따르면 상상을 통해 목표를 이루고자 할 때 올바른 방법과 틀린 방법이 있기 때문이라고 한다.

그는 이렇게 말했다. "전문 운동선수를 생각해 봅시다. 과학자들은 오랫동안 선수들의 뇌와 심리를 연구하면서 놀라운 사실을 발견했어요. 더 무거운 걸 들 수 있다고 상상하면 실제로 들 수 있습니다. 수영하는 법을 상상하면 관절이 유연해져요. 이런 사례는 끝이 없습니다. 하지만 상상에는 공식이 존재해요. 행동하는 사람은 이 공식을 활용하고, 그렇지 않은 사람은 자신감을 잃고 금방 포기합니다. 전문 운동선수는 자신감이 떨어지는 일이 거의 없어요. 이미지 훈련법을 활용하니까요."

자신감을 키우는 올바른 이미지 훈련법은 두 가지가 있다. 장애물을 극복하거나 판세를 역전하는 모습을 떠올리거나 가장 두려운 행위(예를 들면 테니스 서브나 골프 퍼트)를 완벽하게 해내는 모습을 상상하는 것이다. 자신감을 키워주는 이미지는 트로피를 든 모습이 아니라 상황을 뒤집는 장면이다.

자신감을 얻은 후에도 목표를 향해 나아가는 모습을 상상하면 불안해하는 사람들이 있어요. 그래서 금방 상상하는 걸 포기하죠. 연구에 따르면 실제 심상이 변화를 일으킨다고 합니다. 일인칭으로 상상을 하면 뇌가 더 강하게 활성화되지만 그만큼 불안감도 강해져요.

필레이 박사는 이런 불안감에 대처하려면 관점을 삼인칭으로 전환하라고 제안한다. 그 상황에서 몸 밖으로 나와서 실제 자기 모습을 관찰하는 방법이다. 트랙 경기에 나간다고 생각해 보자. 삼인칭 시점으로 자기 자신이 출발선에 대기하거나 트랙에서 달리거나, 1등으로 결승선에 들어오는 모습을 상상할 수 있다. 일인칭 시점에서는 자기 앞에 놓인 트랙만 상상할 뿐이다. 삼인칭과 일인칭 두 가지 심상 모두 뇌에는 대단히 유익하다. 불안을 줄이려면 삼인칭으로 시작해서 점차 일인칭으로 이동하면 된다.

하지만 필레이 박사는 이렇게 경고한다.

자신의 목표를 진정으로 믿지 않는다면 몇 인칭이든 아무 소용 없어요. 내 마음속 생각의 이미지를 믿기 시작했을 때, 뇌는 거기 반응하기 시작합니다. 예를 들어 제가 당신에게 손을 20도 회전하는 상상을 하라고 하면, 뇌의 행동센터가 실제로 이 행동을 하는 것처럼 반응합니다. 하지만 손을 270도로 회전하라고 하면 뇌가 그냥 멈춰버려요. 활성화하지 않고, 행동하지도 않습니다. 가능하다고 믿지 않기 때문이죠. 뇌는 가능하다는 믿음이 없으면 시간을 낭비해 가며 시도하지 않아요. 그래서 제 능력이 닿는 만큼 사람들에게 무엇이 가능한지 과학적으로 보여주는 게 제 평생의 사명이 됐어요.

여기서 핵심은 행동하는 사람들은 상상한다는 것이다. 그리고 대단히 구체적인 방법으로 상상한다.

미루기 유형과 완벽주의의 함정

생각을 실체화하는 과정에서 또 다른 흔한 장벽이 바로 미루기다. 필레이 박사는 미루기에도 각성, 회피, 우유부단형 등 저마다 특징이 다른 몇 가지 유형이 존재한다고 말했다.

각성형 미루기는 실행하기 전에 마지막 순간까지 기다리는 유형이다. 막판에 몰아치는 흥분을 좋아하기 때문이다. 압박감이 필요할 때는 도움이 되기도 하지만, 장기적인 관점에서는 해로울 수 있다. 기본적으로 극도의 스트레스 상태에서 흥분하기 때문이다. 본인은 좋아할지 몰라도 심장과 뇌가 감당하는 데는 한계가 존재한다.

회피형 미루기는 당면한 일을 실행하는 자체를 견디지 못해서 회피하는 유형이다. 실제로 할 필요가 없으면 괜찮지만 그게 아니라면 문제가 된다. 예를 들어 배우자와 껄끄러운 대화를 해야 하는 상황에서 미루기는 상황을 더 나쁘게 만들 뿐이다.

우유부단형 미루기는 어떻게 행동해야 할지 몰라서, 결정하지 않으면 안 해도 될 거라고 생각하고 그냥 하지 않는 유형이다. 결정할 필요가 없으면 괜찮겠지만 그게 아니라면 어떨까? 예를 들어 장기적인 관계를 맺은 사람이 결혼이라는 결정을 끝없이 미루기만 하면 결국 혼자 남을 심각한 위기가 찾아온다.

생각과 생각을 구현한 실체의 거리를 줄이고 싶다면, 어떤 유형의 미루기가 방해되는지 깨닫고 이를 극복할 수 있는 방법을 찾아야 한다. 만약 당신이 각성형이라면 명상처럼 덜 해롭게 각성할 방법을 찾아보자. 본질적으로는 뇌의 보상 센터를 활성화하는 주체를 대체해서 미루기로 얻는 보상을 능가해야 한다.

필레이 박사의 표현에 따르면 이 모든 유형의 미루기의 기저에는 '우리의 소중한 망상'이 깔려 있다. 그중에서 가장 위험한 것은 완벽주의다. 사람들은 완벽주의를 챔피언의 절대적인 기준이자 모든 탁월한 성취의 비결이라고 생각한다. 하지만 사실이 아니다. 사실 필레이 박사는 완벽주의가 실제로 뇌를 느리게 한다고 믿는다. 극단적인 사례가 강박 장애Obsessive Compulsive Disorder이며, 이런 사람들은 강박에 갇혀서 100% 확신하지 않으면 앞으로 나아가지 못한다. 가벼운 완벽주의도 성장과 성공을 방해할 수 있다. 필레이 박사는 다음과 같이 말한다.

저는 사람들에게 생각을 실체로 바꾸고 싶으면 한 가지는 내려놔야 한다고 말합니다. 그게 바로 완벽주의예요. 챔피언과 성공한 사람들은 완벽주의에 갇히지 않아서 그렇게 될 수 있었다는 사실을 깊이 이해해야 합니다. 이런 사람들은 위대했을 뿐만 아니라 다른 사람보다 회복이 빨라요. 살을 빼려고 하면서 금방 식욕을 참지 못하는 사람들은 목표를 좀 더 쪼개거나 바꾸기보다는 아예 시도 자체를 그만두는 경향이 있습니다. 목표 달성에 실패하면 방향을 수정하고, 다시 시도하고, 또 바꿔야 합니다. 회복하려면 금방 배우고, 빠르게 자신을 용서하고, 실패를 극복해야 하죠. 생각을 실체화하고 싶으면 회복하는 법을 배우는 데 집중하세요. 탁월해지는 것 못지않게 중요합니다.

완벽주의는 환상에 불과하다고 필레이 박사는 거듭 강조했다. "완벽주의는 당신의 속도를 늦추고 목표 달성을 방해할 뿐이에요. 완벽주의자가 된 것 같으면, 회복하는 연습을 충분히 하고 있는지 자신에게 스스로 물어보세요."

스트레스를 다루는 뇌과학자의 방법

필레이 박사는 지금까지 17년 이상 '뇌가 인식하는 두려움'을 연구해 왔다. 그리고 그가 목격한 수백 명의 사람에게 두려움은 성취와 행복에 심각한 장애물로 작용했다. "사람들은 생각을 통제하면 문제가 해결될 거라고 생각하지만, 그렇지 않아요. 사실 스트레스를 받거나 두려움을 느끼면 우리의 생각은 통제를 벗어나고 실체가 될 수 없습니다."

스트레스는 뇌의 조직적 활동에 발생한 혼란을 가리킨다. 예를 들어 배우자와 싸우거나, 받은 메일함을 열었다가 불가능한 요청을 직면했을 때 생겨난다. 스트레스가 심한 사람들은 그저 하루를 버티는 게 목표라고 자신과 보이지 않는 합의를 하는 경우가 많다. 심지어 성공은 안중에도 없다고 스스로 확신하고, 그렇지 않다고 해도 생각을 실체화하는 데 관심이 없다.

이처럼 스트레스를 안고 있는데 인사 고과를 앞뒀거나, 배우자의 가족을 만나거나, 다이어트를 하면서 친구와 식당에서 만나기로 했다면 관점이나 초점을 바꿔서 목표를 달성하는 건 불가능하다. 생각을 통제하려 할수록 상황은 나빠질 뿐이라는 사실을 알아야 한다.

그럼 어떻게 해야 할까? 한 가지 효과적인 방법으로 과학자들이 말하는 감정적 자기 성찰emotional introspection과 임상 의사들이 말하는 마음챙김mindfulness 훈련이 있다. 간단히 말해서 자신의 호흡에 집중하면서 생각의 의미를 찾으려 하지 말고 생각을 본연의 전기 자극 상태로 놔두면 된다는 것이다. 이런 연습을 매일 두 번씩 20분 동안 진행하면 뇌 신경 세포가 대화하는 방식이 바뀌고, 우리 뇌는 생각이 실체가 될 수 있도록 훨씬 긴밀하게 협력한다.

또 다른 방법은 스트레스를 수면 위로 올리는 것이다. 이때 스트레스라는 감각을 모호하고 걷잡을 수 없는 두려운 것에서 구체적이고 통제 가능한 대상으로 바꾸는 게 중요하다. 정확히 무엇 때문에 스트레스가 생기는지 알아내고, 머리가 비어서 더는 생각할 수 없을 때까지 종이에 하나하나 적어보자. 가능하다면 그중 한두 가지를 덜어내고, 그다음에 관점이나 초점을 바꿔서 생각을 주도하려고 노력하자. 그러고 나면 당신의 생각은 충분히 통제되어 불안감은

줄고(또한 편도체, 즉 뇌 불안 센터의 활성도가 낮아지고) 현실로 변화할 수 있게 된다.

또한 생각에 따라 뇌가 행동할 수 있도록 생각을 정확히 표현해야 한다. 필레이 박사는 이렇게 말한다. "생각을 구성 요소라고 생각해야 한다. 원하는 대로 빚으려면 정확한 크기와 형태를 갖춰야 하기 때문이다." 필레이 박사의 설명에 따르면 처음 떠오르는 생각은 사실 의도이며, 뇌에는 목표 의도와 실행 의도라는 두 가지 유형의 의도가 존재한다. 목표 의도는 범위가 넓다. '살을 빼고 싶다'나 '부자가 되고 싶다' 같은 목표 의도는 시작점으로 삼기 좋지만, 뇌가 실제로 행동에 옮기기에는 지나치게 크거나 구체적이지 않을 때가 많다. 뇌가 이런 생각을 실체로 바꾸게 하려면 실행 의도로 전환해야 한다.

예를 들어 '살을 뺀다'라는 일반적 의도보다는 구체적이고 방향성이 확실한 용어로 생각을 구성해 보자. '이번 달에는 매주 월요일과 금요일 아침 8시에 헬스장에 가서 2kg을 감량하겠다'처럼 세분화된 생각은 목표를 위한 놀라운 구성 요소로 바뀌고 뇌는 훨씬 협조적으로 작용한다.

수많은 연구에 따르면 목표 의도보다 실행 의도를 통해 생각이 실체화될 확률이 더 높다. 특히 뜻 없이 하는 말이 아니라 진심으로 의도할 때 효과가 커진다. 의도에 큰 의미를 부여하려면 할 일 목록이 아니라 알림을 첨가한 달력을 적는 편이 좋다. 이런 식으로 뇌를 도와주면 뇌는 기꺼이 당신의 목표 달성을 위해 일할 것이다.

실망의 쳇바퀴에서 뛰어내려라

아무리 노력해도 여전히 생각이 발전하지 않는다면, 당신의 정신이 정확히 반대 습관에 물들었기 때문인지도 모른다. 아무것도 성취하지 못하게 틀에 박힌 생활에 고정하는 일종의 쳇바퀴에 갇혔다는 뜻이다.

오래전에 실시한 유명한 연구에서 이 현상이 분명하게 드러난다. 한 심리학자 그룹이 어린아이들의 행동을 관찰하다가 이상한 특징을 발견했다. 아기 침대에서 아이들이 장난감을 가지고 놀다가 어느 순간 장난감을 던져버리고는

울기 시작한 것이다. 아이 엄마가 장난감을 다시 가져와서 아이에게 돌려주면 아이는 손뼉을 치며 좋아한다. 하지만 엄마가 돌아서고 나면 아이는 다시 장난감을 던져버리고 울었다.

연구원들은 이런 행동 유형에 저장 강박retention compulsion이라는 용어를 붙였다. 이런 행동은 다양한 양상으로 전개되어 나타난다. 심지어 우리가 선천적으로 이런 행동을 타고난다는 증거도 있다. 실망의 쳇바퀴에 갇히면, 성취에 희망을 품기보다는 계속 실망에 익숙해지려는 경향이 생긴다.

이런 악순환을 끊을 수 있는 한 가지 핵심 메커니즘은 뇌의 주의 체계attentional system가 집중 조명하는 대상을 '생존'에서 '번영'으로 옮기는 것이다. 필레이 박사에 따르면 이런 변화는 가능성의 과학으로 이어진다. 필레이 박사는 이런 결론을 내리기까지 수년에 걸쳐 뇌과학을 연구하고, 가장 깊은 차원에서 사람들의 행동 방식을 관찰하여 기본 이론을 수립했다.

필레이 박사는 생각을 실체로 전환할 때는 확률보다 가능성 위주로 생각해야 한다고 말한다. 일반적인 사람들의

당신이 매번 실패하는 이유

경험이 아니라 예외적인 사람들이 어떻게 해냈는지에 초점을 맞춰야 한다는 뜻이다. 평범한 지능을 가진 사람들이 어떻게 엄청난 성공을 이룬 걸까? 비참할 정도로 가난했던 사람들이 어떻게 부유해지고 경제적 자유를 달성했을까? 이런 것이 올바른 질문이다. '이런 어려움이 있는데 어떻게 성공해?'라는 말은 뇌를 마비시키고 편안함을 추구하게 만든다. 머릿속에 이런 생각이 자리잡고 있으면 실패가 두려워서 제대로 노력하지 않게 될 가능성이 크다.

이런 노력 부족을 자기 불구화self-handicapping라고 하는데, 필레이 박사가 오랫동안 지켜본 결과 사람들은 대부분 어느 정도 바로 이 자기 불구화에 갇혀 있었다. 이런 사람들은 실패하면 바보 같다는 생각이 들까 봐 열심히 노력하는 걸 두려워한다. 시도 자체를 자랑스럽게 생각하지도 않으며, 시도한 덕분에 훨씬 강해지고 목표에 가까워졌다고도 생각하지 않는다.

기억하라. 배울 점이 있었다면 모든 시도는 가치가 있다.

생각을 실체로 만드는 12가지 체크리스트

필레이 박사는 앞서 설명한 이론을 확인할 수 있는 체크리스트를 소개했다. 이 내용을 기억하면 생각을 실체화할 가능성을 키우는 데 도움이 될 것이다.

- 좌측 전두엽을 활성화할 수 있는 패를 저울질하라.
- 뇌 GPS를 활성화하려면 머릿속으로 과정의 맨 끝에서부터 시작하라.
- 행동 뇌를 활성화하기 위해 앞서 소개한 구체적인 원칙을 적용하는 모습을 상상하라.
- 어떤 유형의 미루기가 당신에게 해당하는지 파악하고, 뇌의 보상 센터를 활성화할 수 있는 것으로 대체하라.
- 완벽주의를 자제해서 뇌가 멈추지 않게 하라.
- 생각을 통제하려고 하기 전에 스트레스를 수면 위로 드러내서 편도체(느끼는 뇌)와 전전두엽 피질(생각하는 뇌)를 안정화하라.

- 이후 호흡에 집중하여 생각을 통제하고, 관점과 초점을 변경하여 생각하는 뇌와 느끼는 뇌를 안정화하라.
- 목표 의도보다는 실행 의도를 활용해서 단기 기억이 정보를 소화하고 뇌의 행동 센터에 공급되게 하라.
- '생존' 쳇바퀴를 벗어나 '번영' 쳇바퀴에 뛰어들고, 뇌가 조명하는 방향을 바꿔라.
- 확률보다는 가능성을 선택하여 뇌 에너지를 절약하고 어디를 봐야 할지 뇌가 알아차릴 수 있게 도와주자.

진심으로 생각을 실체화하고 싶은가? 이 기본 원칙을 따르면 훌륭한 시작이 될 것이다.

운명을 바꾸는 ♟ 생각의 비밀

1. 성공하는 사람은 욕망이 생기는 순간 이미 그것을 달성한 사람처럼 행동한다.

2. 보상을 누리는 장면이 아니라 어려움을 극복하는 장면을 상상하라.

3. 완벽주의는 성공을 위해 반드시 버려야 할 방해물이다.

4. 큰 목표를 작은 목표로 세분화하라.

5. 스트레스를 느낄 때는 이를 통제하려 하기보다 그대로 수면 위로 올려라.

당신이 매번 실패하는 이유

Thoughts Are Things

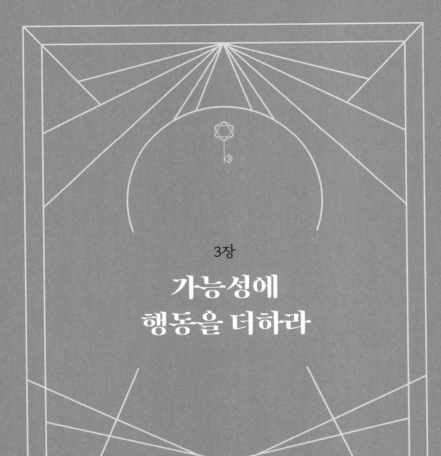

3장

가능성에
행동을 더하라

당신에게 가장 큰 기회는
지금 바로 그 자리에 존재한다.

– 나폴레온 힐

100년 전 나폴레온 힐이 『생각하라 그리고 부자가 되어라』를 쓴 이후 세상은 엄청나게 바뀌었다. 신용카드와 스마트폰, 일상생활의 모든 면에 닿아 있는 컴퓨터 기술에 이르기까지 인류의 발전은 우리 삶을 급격히 바꾸었고 본질적으로 비즈니스와 제품, 서비스에 막대한 영향을 미쳤다.

이런 변화와 발전이 일어난 상황에서 힐 박사가 거의 1세기 전에 공유했던 성공 원칙을 오늘날 비즈니스 환경에 의미 있게 적용할 수 있을까? 어떤 원칙을 미래 세대에 전달해야 시간이 흘러도 살아남아서 그들의 성공에 기여할까?

힐 박사의 철학에서는 우리가 성공하는 능력이 단 하나, 생각에 달려 있다고 본다. 앞으로 인류에게 어떤 변화가 닥치든 그 사실은 절대 변하지 않을 것이다. 게다가 꼭 세상을 뒤흔들 만한 돌파구가 있어야 성공하는 건 아니다. 기회는 눈앞에 존재하고, 우리가 생각과 아이디어로 개선해 주길 기다린다.

히어로스 이어플러그Hearos Earplugs를 설립한 더그 픽Doug Pick이 바로 그런 사례다. 픽은 표면적으로는 그리 별 볼 일 없는 오래된 제품에서 가능성을 포착했다. 그리고 생각과 행동을 결합하여 그 가능성을 타진한 결과 대단히 성공적인 비즈니스를 일구겠다는 평생의 꿈을 이뤘다.

이미 존재하는 것에서 기회를 포착하라

픽은 24살의 나이에 기업가가 되고 싶다고 생각했다. 몇 가지 비즈니스 아이디어와 기회를 숙고한 결과 한 가지 제품이 눈에 들어왔다. 귀마개였다.

"제 형제가 귀마개를 하고 잔다는 개념을 알려 줬어요. 제가 주목했던 건 이 시장에 사라지지 않는 수요와 필요가 존재한다는 거였죠. 귀마개는 가벼운 소모품입니다. 계좌 잔액이 얼마 안 되는 기업가로서 수백만 달러 규모의 대기업이 장악하지 않은 시장에 진출할 기회를 얻은 셈이었어요."

픽이 1992년 히어로스 이어플러그를 론칭한 건 당연한 결과였다. 오늘날 픽의 회사는 세계적인 귀마개 기업이 되었다. 픽은 『생각하라 그리고 부자가 되어라』라는 절대적인 지혜의 정수가 쓰인 지 거의 100년이 지난 후에도 그의 성공에 막대한 영향을 줬다고 말한다. 그는 자신이 성공할 수 있었던 구체적인 요인으로 기회를 포착하는 능력을 꼽는다.

픽은 몇 가지 성공 원칙에 따라 히어로스 이어플러그를 설립했다. 첫 번째, 사람들이 대부분 고려하지 않는 가능성을 편견 없이 받아들였다. 이런 질문을 했던 덕분이었다. '트렌드가 하락세라면, 내가 상류로 올라가면 어떨까?' 픽

가능성에 행동을 더하라

의 성공 공식은 다수가 어디로 향하는지 보고 그 반대쪽으로 가는 것이었다.

저는 역발상이 몸에 배어 있어요. 다른 사람이 보거나 고려하지 않은 비즈니스에 몸담았죠. 이미 존재하는 것에서 앞으로 가능해질 것을 보는 능력이 있습니다. 우리 제품의 무엇이 특별하고, 다르고, 혁신적인지 알아내려고 해요. 이 산업의 핵심은 오랫동안 존재했어요. 하지만 저는 이뤄지지 않은 것을 포착했죠.

1920년대에 해리 버트 주니어Harry Burt Jr.가 적용한 원칙도 비슷하다. 당시 아이스크림과 초콜릿은 새로울 것 없는, 사람들이 즐겨온 지 오래된 식품이었다. 그러다 최초의 아이스크림과 초콜릿 믹스 제품 에스키모 파이Eskimo Pie가 등장했다. 오하이오주 영스타운에서 아이스크림 가게를 운영하던 버트는 이 에스키모 파이를 가게에서 팔았다. 어느 날 그는 에스키모 파이를 먹던 딸이 이 아이스크림은 꼭 지저분하게 먹게 된다고 투덜거리는 이야기를 들었다. 여기서 아이디어를 얻은 버트는 아이스크림에 나무 손잡이를 삽입해 그릇이나 숟가락이 없어도 깔끔하게 먹을 수 있는 새로운 방식의 아이스크림을 만들었다. 이렇게 탄생한 스틱 아이스크림은 오늘날 대형 아이스크림 및 냉동 제품 제조 브랜드 굿 유머Good Humor의 초석이 됐다.

힐 박사가 했던 인터뷰를 보면 역사적으로 가장 위대한 성공은 정확히 이런 방식으로 이뤄진다는 사실을 알 수 있다. 기존에 존재했던 단순하고 기본적인 제품의 유용성과 매력, 수익성을 조금씩 탈바꿈하여 제공하는 것이다.

어떻게 하면 기존 아이디어에서 대중의 흥미와 충성을 불러일으키는 성공적인 비즈니스로 전환할 수 있을까? 픽의 답변이 큰 깨우침을 준다.

"스테이크가 아니라 스테이크 굽는 소리와 냄새를 파는 겁니다. 하지만 스테이크도 훌륭해야 하죠."

픽은 이미 오랫동안 존재했고, 목적과 가치가 알려진 제품을 발견했다. 하지만 시장에 어필해서 그 제품의 대명사가 되려면 제품에 대한 사람들의 인식을 바꿔야 했다. 달리 말하면, 제품을 현시대에 맞춰야 한다.

가능성에 행동을 더하라

"제가 발견한 핵심은 제품이 소비자에게 줄 수 있는 것을 재교육해야 할 수준까지 혁신하기보다는, 이미 시장에 존재하고 수요가 있는 제품에 지글거리며 익는 소리를 추가하고 품질을 개선해서 경험을 마케팅하는 겁니다."

픽은 이를 위해 위험을 감수하고 힐 박사의 시대에는 듣도 보도 못한 비즈니스 모델을 창조했다. 히어로스 이어플러그에는 직원들이 근무하는 건물이 존재하지 않는다. 픽은 100% 재택근무를 했고 직원은 단 두 명이었으며, 간접비는 거의 없다시피 했다. 하지만 최신 기술을 활용하여 세계적인 인지도를 자랑하는 브랜드를 보유하고 매년 100만 달러를 벌어들이며 500개가 넘는 점포에 유통하는 기업을 창조했다. 그리고 이 모든 건 가장 위대한 자산, 바로 생각에서 출발했다.

생각을 행동으로 옮기는 4가지 방법

힐 박사가 소개한 성공 원칙과 그가 인터뷰했던 리더들

이 새로운 건 아니다. 사람들은 수십 년간 그들을 따랐다. 아이디어와 생각도 마찬가지로 인류의 시초부터 존재했다. 새로운 건 픽이 히어로스 이어플러그를 설립했을 때처럼 오늘날의 독특한 비즈니스 환경과 과제에 맞춰 생각과 아이디어를 적용하고 변경하는 방식이다.

하지만 이 책에서 접하게 될 기업가들과 힐 박사는 성공의 핵심은 생각 자체가 아니라 그 결과로 취하는 행동이라는 사실을 반복해서 강조한다. 힐 박사는 이렇게 말했다. "첫 번째는 생각이다. 그다음은 생각을 아이디어와 계획으로 조직한다. 세 번째는 계획을 실체로 바꾼다. 당신도 알게 되겠지만 상상 속에서 모든 게 시작된다."

픽은 의도적으로 목표에 집중했고, 경쟁이 치열한 시장에서 제품과 회사가 경쟁력을 유지할 수 있는 혁신적인 방법을 끊임없이 물색했다. 성공하려면 실행과 끈기가 중요하다고 하면서도 성공은 우리에게 영향을 주는 생각과 직접 연결된다는 사실을 더 강조했다. "할 수 없는 이유를 논하는 모든 잡음에 귀를 기울이지 마세요. 할 수 있는 이유에만 집중하세요."

픽의 조언은 지난 챕터에서 장애물보다는 가능성에 생각을 집중하라던 스리니 필레이 박사를 떠오르게 한다. '안 될 게 뭐 있어?' 그리고 '이러면 어떨까?'라고 스스로 질문해 보자. 당신이 직면할 가장 큰 장애물은 실행이 아니라 변명을 할 때 생긴다.

그렇다면 오늘날 비즈니스 환경에서 기업가가 되려는 사람은 어떻게 해야 픽처럼 힐 박사의 성공 원칙과 생각의 산물을 적용할 수 있을까?

1. 가능성을 포착하라.

이미 존재하는 가능성에 마음을 열어야 한다. 기존 제품이나 서비스, 아이디어를 어떻게 변경해야 현재 시장에서 경쟁력과 매력을 발휘할 수 있을까?

'그건 누가 벌써 했잖아'라고 말하는 대신 자문해 보자. '어떻게 하면 다르게 만들 수 있을까? 어떻게 해야 더 나아질까?' 힐 박사의 조언을 계속 마음에 새겨야 한다. '당신에게 가장 큰 기회는 지금 바로 그 자리에 존재한다.'

2. 잠재력을 포착하라.

기술 발전이 가져온 잠재력을 포착하고 당신의 아이디어에 어떻게 도움이 될지 알아내라. 변화는 피할 수 없으니 지금의 비즈니스 기회와 기술, 그 모든 게 가져다주는 이점을 뒤처지지 말고 따라가야 한다. 첨단 기술을 활용해서 혁신적인 비즈니스 모델을 창조하면 경영 방식을 비롯하여 제품이나 서비스 전달, 마케팅, 유통 방식을 차별화할 수 있다.

3. 실행하라.

실행이 부족해서 수없이 많은 위대한 아이디어가 묻히고 기회는 사라지기 일쑤다. 당신의 머릿속에 씨앗이 갓 심기는 순간 빠르게 행동해야 까맣게 타는 걸 방지하고 지글지글 익힐 수 있다.

힐 박사가 한 말은 당시에도, 지금도 적용된다. "아이디어는 대부분 무산되기 마련이다. 그러니 확실한 계획과 즉각적인 실행으로 생명의 기운을 불어넣어야 한다. 아이디어는 탄생하는 순간 가꾸어야 한다. 살아 숨 쉬는 순간에 계속 생존할 확률을 높여야 한다."

4. 끈질기게 붙들고 인내하라.

성공한 기업가들은 인내와 끈기가 무적의 성공 조합이라는 힐 박사의 이론을 받아들였다. 성공은 저절로 이뤄지는 과정이 아니다. 성실함과 집중, 기꺼이 시간을 투자해서 아이디어를 완벽하게 다듬으려는 의지가 필요하다.

귀마개처럼 이런 개념도 새롭거나 혁신적인 건 아니다. 그러나 여러 시대에 걸쳐 스승과 제자들이 실천했던 이 개념들은 모두 획기적인 비즈니스로 이어졌다. 새롭든 오래됐든, 혁신적이든 원래 있던 것이든 아이디어에 맞춰 조정할 수 있으며 100년 전과 마찬가지로 지금도 적용할 수 있는 개념이다.

비즈니스 성공의 원칙은 변하지 않았다. 우리가 실행하는 방식만 바뀌었을 뿐이다. 기술과 시간은 과거에 한번도 상상하지 못했던 선택지와 기회를 우리에게 열어줬다. 여기에 주목하자. 이 모든 건 이쑤시개나 귀마개처럼 항상 존재하고 있고, 경이로운 지성의 힘으로 개선되길 기다릴 뿐이다.

힐 박사에 따르면 '가난과 부는 모두 생각의 산물'이다. 당신의 생각은 어느 쪽을 창조할 것인가? 그 답은 온전히 당신에게 달렸다.

운명을 바꾸는 🔑 생각의 비밀

1. 다른 사람들이 놓치는 부분에서 기회를 잡아라.
2. 성공의 핵심은 생각의 결과로 취하는 '행동'이다.
3. 완전히 새로운 것을 찾아내려고 하기보다는 이미 있는 것을 더 좋게 개선하라.

Thoughts Are Things

4장

마음이 끌리는
일을 하라

BOB PROCTOR

행복은 단순한 소유가 아니라
행동에서 발견된다.

– 나폴레온 힐

아이작 뉴턴Isaac Newton이 수립한 운동의 제1 법칙에서
는 움직이지 않는 물체는 계속 움직이지 않고, 운동하는 물
체는 계속 운동한다고 설명한다. 이 원칙은 우주에 존재하
는 모든 힘과 마찬가지로 생각에도 적용할 수 있다. 생각이
다른 생각을 낳기 때문에 움직이는 정신은 처음과 같은 방
향으로 계속 움직인다.

생각은 놀라운 에너지를 생성하고 상상도 할 수 없었던
결과를 가져오기도 한다. 인류에게 알려진 모든 발명과 개

선이 생각에서 비롯됐다. 생각은 예전에는 신경 쓰지 않았을 기회를 인식하게 해준다.

가끔은 생각에서 발전한 '실체'가 생명력을 얻기도 한다. 셰프인 브루노 세라토Bruno Serato는 작은 생각에 실행이 더해지면 상상했던 것보다 훨씬 크고 극적인 결과로 이어진다는 가설을 증명한 사람이다. 세라토가 미국에 도착했을 때 주머니에는 단돈 200달러뿐이었다. 그는 직업이 없는 상태였고 영어도 못했다. 하지만 프랑스어와 이탈리아어에는 능통했다. 게다가 한없는 열정과 의지, 그리고 그동안 레스토랑에서 폭넓게 쌓아둔 경험과 지식이 있었다. 세라토는 이런 자산을 활용하여 유명 레스토랑에서 말단 설거지 담당으로 시작했고, 성실한 근무 태도로 고용주에게 깊은 인상을 남겨서 금방 승진할 수 있었다.

오늘날 세라토는 세계적으로 명성이 자자한 애너하임 화이트 하우스 레스토랑Anaheim White House Restaurant의 주인이다. 앙트레(서양 요리에서 생선 요리와 로스트 사이에 나오는 요리로 코스의 중심)가 최고로 꼽히며 탁월한 서비스, 사소한 것도 놓치지 않는 꼼꼼함으로 레스토랑 업계에서 수많은 상

밥 프록터 생각의 시크릿

을 받았다.

하지만 세라토에게 가장 큰 명성을 가져다준 것은 그의 남다른 자선 활동이었다. 이로 인해 세라토는 이탈리아 공화국에서 기사 작위를 받았고 CNN의 '올해의 영웅Hero of the Year'으로도 꼽혔다. 그가 운영하는 레스토랑에 미국 대통령과 전 세계 고위 공무원, 온갖 유명 인사가 거쳐갔지만 세라토에게 가장 중요한 손님은 돈을 내는 유명한 손님이 아니다. 그의 도움으로 인생을 바꾼 아이들이다.

모든 것을 바꾼 인생 최고의 식사

2005년 4월 18일, 저는 오렌지 카운티에 있는 '보이스 앤드 걸스 클럽Boys and Girls Club'에 갔어요. 모텔인 줄 알았지만 알고 보니 집이 없는 아이들이 사는 곳이었습니다. 그때 저는 어머니와 함께 있었는데 한 소년이 감자칩을 먹는 모습을 발견했어요. 그날 밤 그 아이의 끼니는 그게 전부일 거라는 생각에 어머니가 아이에게 파스타를 먹이자고 하셨어요. 저는 식당으로 돌아가서 아이들 75명에게 줄 파스타를 만들었습니다. 그것만으로는 마음이 차지 않아서 매일 아이들을 먹이기 시작했어요.

그 하나의 생각이 행동을 일으켰고 결과는 예상을 대폭 뛰어넘었다. 이제 사랑하는 어머니의 이름을 딴 카테리나 클럽Caterina's Club은 매일 350~400명의 아이들에게 음식을 제공한다. 지금까지 50만 명이 넘는 아이들이 음식을 먹었고 이 숫자는 계속 증가하고 있다.

세라토는 믿기 힘들 정도로 인정이 풍부한 사람이다. 하지만 더 놀라운 건 아이들의 배를 채워주는 세라토의 사명을 시작하고 5년 동안 아무도 몰랐다는 점이다. 세라토는 이 일에 대해 말하지 않았고, 자금을 모금하거나 도움을 구하지도, 찬사를 받으려 하지도 않았다. 이 일은 사랑과 열정의 표현이었다. 그는 '마음이 시키는 일을 했다'라고 말한다.

기업가이자 자선가로서 세라토는 보답이나 보상을 기대하지 않고 이타적으로 봉사했다. 불우한 아이들의 삶에 사심 없이 기여하면서도 명성을 얻거나 인정받으려 하지 않았다. 반대로 '위대한 성취는 위대한 희생에서 나오고, 결코 이기심의 결과는 아니다'라는 나폴레온 힐의 전설적인 선언에 걸맞게 진정한 이타주의의 모범을 보였다.

한때는 어려움이 따르기도 했다. 다른 많은 기업가처럼 세라토의 레스토랑도 불황으로 큰 피해를 입고 힘든 시기에 무너질 위기에 처했던 것이다.

"2009년에는 레스토랑을 잃을 뻔했어요. 경기가 30% 가까이 곤두박질쳤고 레스토랑은 문을 닫기 직전이었죠. 여유가 없으니 처음에는 아이들에게 음식을 그만 줘야겠다는 생각이 들었습니다. 제가 원한 게 아니라 상황 때문에요. 하지만 경기가 어떻든 아이들을 먹이는 걸 그만둘 수는 없더군요. 그렇게 계속하다 보니 살면서 겪는 최악의 상황에서 오히려 더 행복해지고 자신감이 생겼어요. 더 강해진 느낌이었죠."

세라토는 굴복하지 않았고, 그의 비즈니스는 살아남았을 뿐 아니라 번영했다. 자선 사업도 마찬가지다.

왼손이 한 일을 오른손이 알게 하라

마음에서 우러나온 아이디어를 실행할 때, 무슨 일을 하는지 다른 사람에게 알려야 할 책임이 있을까? 세라토는 5년 동안 아무 말도 하지 않았고 공공연히 알리거나 인정받지 않은 채 조용히 매일 수백 명의 아이들에게 음식을 먹였다. 사랑에서 뻗어 나온 이타적인 봉사였다.

그런데 찬사나 인정을 받겠다는 기대 없이 침묵하고 생각과 노력을 공유하지 않으면, 노력으로 이룰 수 있는 성과의 폭과 범위가 제한되기 쉽다. 우리가 노력하면 다른 사람도 영감을 받아서 그 대의에 긍정적으로 이바지하고 싶은 의욕을 일으킬 때가 많다. 이러한 영향력의 힘을 긍정적으로 활용하는 것이 중요하다.

세라토는 돌이켜 생각하면 친구들에게 도움을 요청할 수도 있었다고 인정한다. "사람들이 도와주려고 나설 때 그 강력한 마음이 와닿았어요. 그들의 도움이 필요했고 기꺼웠어요. 이제 저는 파스타 재료값을 내지 않아요. 제가 하는 일을 좋아하고 도와주려는 사람들에게서 기부를 받으니까요. 도움받는 건 정말 멋진 일이에요."

　다른 사람을 도왔을 때 가장 큰 이점은 보상받을 수 있다는 점이다. 보상을 바라고 다른 이를 돕는 것은 아니지만, 우리의 행동은 내부적 보상을 제공하고 계속 노력할 동기로 작용한다. 세라토가 아이들에게 음식을 줬을 때 세상에서 가장 위대한 동기, 즉 사랑이 이 저명한 셰프에게도 양식을 준다. 그는 이야기했다. "아이들이 주는 사랑은 상상했던 것보다 훨씬 큽니다."

　하나의 생각이 아이들 수십만 명의 인생을 바꾼 경이로운 프로젝트이자 찬사를 받기 충분한 대의로 바뀌었다. 시간이 흐르면서 처음의 생각은 또 다른 생각을 낳았다. 이제 세라토의 목적은 단순히 배고픈 아이들의 배를 채우는 것뿐만 아니라 머리 위에 지붕을 얹어주는 것으로 확장됐다. 세라토는 생각의 산물이 진화하는 과정을 설명했다.

　아이들은 저녁 5시가 되면 모텔방으로 돌아갑니다. 최악의 환경에 노출되기 쉬운 곳이죠. 저는 그곳에 사는 가족들을 조사했어요. 경제적 상황 때문에 집과 직장을 잃고 모텔방을 전전하는 사람들이었어요. 열심히 일할 직장을 얻으려 노력하고 있었고, 언젠가 좋은 직장을 구하겠죠. 그래도 침실 두 개가 있는 아파트 보증금을 마련하는 일은 요원해 보였어요. 이런 가족들을 돕기 위해 첫 달과 마지막 달 아파트 보증금을 대신 지불하기로 했어요. 지난 몇 달 동안 기부를 받고 모금도 해서 서른아홉 가족의 거처를 옮겼습니다. 우리는 일 년 동안 이들의 뒤를 지켰어요. 프로젝트는 99% 성공이었죠.

생각에 산물이 생기듯이, 우리 삶의 사건과 경험은 파급 효과를 창조하고 행동을 이끌어낸다. 이 파급 효과는 세라토가 그토록 열정적으로 아이들과 가족들을 도왔던 근본 이유이기도 하다. 그는 한마디로 가난이 무엇인지 잘 안다. 가난했던 세라토 가족에게 파스타는 주식이었다. 한창 자랄 때의 늘 배고픈 아이들 일곱 명을 가장 저렴하게 먹일 방법이었기 때문이다.

제2차 세계 대전이 끝나고 어머니와 아버지는 프랑스로

이민했습니다. 길을 지나가던 사람들이 우리에게 양말과 신발, 셔츠, 속옷을 주더군요. 이렇게 기부받은 덕분에 학교에 벌거벗고 가지 않았어요. 지금 저도 같은 일을 하고 있죠.

세라토의 사례는 전형적인 미국의 성공 신화이자 넘치는 인정과 끝없는 투지를 보여준다. 그는 지치지 않고 장애물과 역경을 물리쳤다. 불황이 왔을 때도 도산하지 않고 계속 기부 프로그램을 운영하기 위해 그는 두 번이나 주택 담보 대출을 받았다. 세라토는 절대 포기하지 않는 비결은 영감에 있다고 말한다. 그는 이렇게 말했다. "포기하면 인생의 일부를 놓아버리는 겁니다. 절대 포기하지 마세요." 아이들은 그의 유일한 영감이었다.

결혼은 안 했어도 제게는 아이가 300명이나 있어요. 이 아이들이 제게 영감을 줍니다. 제가 제일 좋아하는 손님은 레스토랑에 초대한 아이들이에요. 우리 레스토랑처럼 아름다운 곳을 접해 본 적이 거의 없죠. 50만 번째 음식을 대접하는 날, 저는 유명인들과 운동선수들을 초대해서 아이들에게 음식을 서빙해 달라고 부탁했어요. 영감을 주고 싶어서 유명인들한테 각자 특별 인터뷰도 요청했죠. 아이들이 모텔방을 떠나 무엇인가 특별한 것을 할 수 있다는 사실을 알려주려고요.

자기가 처한 상황을 스스로 극복한 세라토는 진정으로 성공을 원하면 누구나 이룰 수 있다는 사실을 보여주는 산 증인이다. 온 힘을 다해 노력하고, 디테일에 집중하고, 흠잡을 데 없는 서비스를 헌신적으로 제공하여 설거지 담당에서 세계적인 고급 레스토랑의 주인으로 발돋움했다. 그는 꿈을 이루기 위해 기회를 포착하고 열정을 쏟아부었다.

7년 동안 실력을 갈고닦은 세라토는 애너하임 화이트하우스가 팔린다는 소식을 들었다. 주인이 레스토랑 운영자가 아니었기 때문이다. 세라토가 주인에게 가서 호가를 물어보자, 주인은 돈이 얼마나 있냐는 질문으로 대답했다. 사실 세라토에겐 돈이 한 푼도 없었다. 하지만 그 장애물이 꿈의 실현을 막지는 못했다. 세라토는 레스토랑을 3년간 임대할 기회와 구매할 수 있는 선택권을 얻었다. 말 그대로 악수만으로 레스토랑을 얻은 셈이다. 선의와 신뢰, 존중에 기반을 둔 거래였다.

세라토는 아이들에게 삶에 변화를 가져다줄 기회도 주었다. 어느 날 세라토의 무료 파스타를 먹던 15살짜리 소년이 식사를 마치더니 이 레스토랑에서 일하고 싶다고 말했다. 하지만 세라토는 소년에게 18살은 돼야 여기서 일할 수 있다고 대답했다. 3년 후, 18세 생일을 맞은 그 아이가 청년이 되어 찾아왔다. 세라토는 자기가 했던 말을 지켜서 그에게 일을 주었다. 환경을 극복하고 성공을 일굴 수 있는 최초의 기회를 준 것이다.

의심할 여지 없이, 세라토는 힐 박사가 거의 100년 전에 정의했던 원칙을 전형적으로 보여준다. 그는 자기 열정을 좇아 세계적인 레스토랑을 경영했지만 이런 직업적인 성공은 이 길에서 얻을 수 있는 성취의 일부일 뿐이다. 내적인 만족과 자부심, 영감 같은 진정한 부를 가져다주는 것은 이 비즈니스의 산물, 즉 배고픈 아이들을 먹이는 일이었다.

힐 박사는 『생각하라 그리고 부자가 되어라』에서 이런

유형의 부를 언급한다. 보통 직업적 성공보다는 그 성공의 산물이 더 큰 목적을 이루게 해준다. 목적은 동기로 작용할 때 한층 열정을 불태우게 하고 그 자체로 생명력을 얻는다.

당신에게도 생각을 지금까지 상상한 것보다 거대한 것으로 바꿀 힘이 있다. 그때 당신은 원래 했던 생각은 그저 인생에서 진정으로 이루고 싶었던 행복과 목적으로 가는 징검다리였다는 사실을 깨달을 것이다.

나의 강점을 찾는 5단계 공식

강점은 가장 큰 장점이나 재능을 의미한다. 세라토의 5단계 공식을 따르면 자신의 강점을 활용하여 성공의 바퀴를 굴릴 수 있다.

1. 열정을 쏟을 대상을 찾아라.

열정을 발견하면 지금 하는 일을 사랑하고 영감을 발휘하여 자신만의 방식으로 재능을 활용할 수 있다.

2. 아이디어를 소유하라.

당신의 생각은 당신 것이지만, 가치가 생기려면 실체가 돼야 한다. 아이디어를 온전하게 소유하고 실행하라.

3. 기회를 인식하라.

세라토는 경력을 쌓는 동안 계속해서 이 원칙을 지켰다. 처음에는 초보로 일할 기회를 잡았고 그 성장과 경험을 유리하게 활용했다. 그다음은 자기 사업체를 소유하여 재능과 기술을 최대한 발휘할 수 있는 더 큰 기회를 만들었다. 마지막으로 비즈니스를 통해 회사의 성공보다 더 위대한 열정을 추구할 수 있다는 사실을 깨달았다. 그는 아이디어와 기회를 결합하여 가장 큰 행복을 가져다주는 진정한 목적을 향해 나아갔다.

4. 처음 아이디어를 넘어서서 그다음을 생각하라.

많은 경우 하나의 아이디어나 생각은 당신을 더 먼 곳에 데려다주는 디딤돌에 불과하다. 너무 많은 사람이 사소한 것에 사로잡혀서 처음의 목표를 달성하는 게 궁극적

종착지라고 믿고 그다음 아이디어를 실행하지 못한다. 세라토에게 2005년 4월 18일, 굶주린 아이들 75명에게 굳이 파스타를 만들어줘야 할 의무는 없었다. 그는 이미 직업상 목표를 달성한 상태였다. 하지만 그날 아이디어를 실행으로 옮긴 건 아이들에게도, 그에게도 엄청난 행운이었다. 그 하나의 행동이 스스로 생명력을 가지고 세라토의 내면에 새로운 열정과 목적을 불어넣었고, 그 과정에서 다른 많은 이의 삶에 변화를 가져왔다.

5. 다른 사람에게 도움을 요청하라.

필요할 때 도움을 받아들이자. 대의나 목적이 위대할수록 다른 사람의 선의가 더 많이 필요하다. 힐 박사가 말했듯이 "다른 사람과의 협력 없이 막대한 재산을 쌓을 만한 경험과 교육, 타고난 능력, 지식을 가진 개인은 아무도 없다." 세라토는 아이들에게 음식을 주는 걸 그만둬야 할 위기에 처했을 때, 꼭 필요한 도움을 받아들이기로 했다. 그 결과 자신의 열정을 계속 이어갈 뿐만 아니라 확대할 수 있었다.

힐 박사는 이렇게 말했다. "인생의 성공은 행복에 달렸고, 사랑의 정신으로 봉사할 때 비로소 행복을 발견할 수 있다." 카테리나 클럽은 급격히 성장했고 세계적인 명성을 얻었으며, 이 콘셉트는 곧 세라토의 고향인 이탈리아로 퍼져나갔다. 사랑의 정신에서 비롯한 봉사는 세라토에게 가장 큰 자부심을 가져다주는 원천이 되었다.

이 모든 건 단 한 명의 아이도 주린 배를 움켜쥐고 잠들어서는 안 된다는, 하나의 생각에서 시작했다.

운명을 바꾸는 🔑 생각의 비밀

1. 마음이 시키는 일을 하라. 생각보다 더 큰 결과물을 가져다줄 것이다.
2. 혼자서 전부 하려고 하기보다는 주위에 도움을 청하라.

Thoughts Are Things

5장

생각을
실체화하는 지도

패배를 맞이하거든
계획이 제대로 되지 않았다는 신호로 받아들이고
계획을 조정한 다음
원하는 목표를 향해 다시 출항하라.

– 나폴레온 힐

지도는 어디든 원하는 곳으로 갈 수 있도록 안내해 주는 자원이다. 샌안토니오에서 마이애미로 여행할 때도, 시내에서 가장 좋은 길을 찾을 때도 마찬가지다. 지도를 사용하면 출발지에서 목적지까지 여정을 짤 수 있다. 어느 지점에서든 지금까지 왔던 곳을 돌아보고 현재 이곳에 어떻게 왔는지 알 수 있으며, 앞으로 가야 할 곳, 가고 싶은 곳을 목표로 삼을 수 있다.

　지도는 수백 년간 사용되고 발전해 왔다. 역사상 가장

오래된 동굴 벽화와 기원전 2300년 바빌로니아 점토판에도 존재한다. 그 이후로 지도는 계속 진화하면서 복잡해졌고 더 광범위한 정보를 담게 되었다. 오늘날 우리는 사실상 제한 없이 지도에 접근하고 활용할 수 있다. 지리를 익히기 위한 종이 지도부터 음성과 영상으로 방향을 알려주는 GPS 기기에 이르기까지, 목적지까지 가는 여정을 지도화하고 따라갈 수 있다. 출발하기 전에도, 도착한 후에도 마찬가지다.

각양각색의 지도는 기술과 엔터테인먼트, 디자인 분야에 무료로 지식을 제공하는 비영리 단체 테드TED의 창립자 리처드 솔 워먼Richard Saul Wurman의 자기계발과 성공에 핵심 역할을 했다.

테드에서는 나폴레온 힐처럼 아이디어의 힘이 인간의 태도와 삶, 그리고 세상을 바꾼다고 믿는다. 이들의 사명은 '퍼뜨릴 가치가 있는 아이디어Ideas Worth Spreading'라는 좌우명에 잘 드러난다. 유명한 테드 강의는 폭발적인 반응을 일으켰고 많은 영상이 수백만에 달하는 조회 수를 기록했다.

흥미롭게도 워먼 역시 지도 제작자다. 워먼은 방문객들

이 그 장소를 이해할 수 있게 이미지와 정보를 제공하는 도시 안내서인 『액세스Access』 시리즈를 제작했다. 또한 오늘날에는 지도 제작 경험을 혁신적인 방식으로 활용하고 있다. 가장 최근에 추진하는 건 '19.20.21'과 '도시 전망대Urban Observatory' 프로젝트다. 두 프로젝트 모두 전자 도시 지도 제작을 기반으로 하며, 전 세계 도시 전망대에 연결된 실시간 데이터를 비교할 수 있는 표준 방법론을 구축하고 있다.

두 가지 진로는 이질적으로 보이지만 사실 둘 다 지도를 향한 열정에서 비롯했다. 더 구체적으로 말하면 근본적인 지도의 정의와 우리 삶에 도움이 되는 다양한 지도의 핵심 목적에 관한 독특한 관점이 자연스럽게 확장된 결과라고 할 수 있다.

제가 생각하는 지도의 정의는 '인류의 인지 능력'입니다. 지도는 대상을 시각적으로 이해하는 근본 방법이에요. 제대로 쓰이지 않으면 좋은 지도가 아닙니다. 그래픽 디자인의 성과 측정 도구일 뿐이죠. 하지만 지도는 보물이에요.

사람들은 저마다 지도를 다르게 이해합니다. 많은 이가 구글 어스를 정보 지도라고 생각하지만 사실 거기에는 정보가 별로 없어요. 땅이 어떻게 쓰이는지 상대적 패턴이 드러나지 않으니까요. 그럼 그냥 그림에 불과해요.

워먼이 평생 쌓아온 다섯 가지 경력은 사실상 모두 이해도를 높이고 명확성을 제공하는 작업과 관련이 있다. 그는 문자 그대로도, 비유적으로도 지도를 사랑하며 인간의 뇌처럼 보이지 않는 것까지 모든 걸 지도화하고 싶어 한다.

워먼은 하버드 디자인 대학원Harvard Graduate School of Design 연설에서 건축 분야에서 일하는 지인 다섯 명의 삶이 철저히 다르다는 사실을 언급한 적이 있다. 목적지가 같아 보여도 모두가 다른 여정(지도)을 거친다는 사실을 설명하기 위해서였다. "다들 알다시피 우리는 고립된 격납고와 비슷해요. 그리고 각자 처음에는 병사로 시작해서 장군으로 끝나죠. 성공은 연속적으로 일어납니다."

이해하지 못하면 믿지 못한다

워먼은 직접 막대한 지식과 개념을 습득했고 일하면서 이를 퍼뜨렸지만, 사실 무지야말로 가장 큰 자산이라고 생각한다. 어렸을 때부터 품고 있던 신념이다.

본인의 표현에 따르면 워먼이 태어난 집은 '학업의 원천'이라고 할 만한 곳이 아니었다. 워먼의 아버지는 시가를 만드는 일을 했으나 가난했다. 하지만 가족은 워먼이 주변에 흥미를 느낄 수 있게 해줬다. 가족끼리 대화할 때 여러 가지 화제가 나오면, 각자 제대로 이해한 상태에서 의견을 내는 게 당연했다. 워먼은 지금도 이런 책임감을 느끼며, 그가 하는 모든 일에 반영한다.

"우리는 '정보$_{information}$'와 '질문$_{question}$'이라는 두 단어를 자주 씁니다. 저는 'information'의 핵심 의미인 정보 제공$_{inform}$과 'question'의 핵심인 탐구$_{quest}$를 제일 좋아해요. 정보가 있는 탐구에 관심이 많습니다. 보통 탐구할 때는 정보가 주어지지 않죠. 우리는 모든 게 정보라고 생각합니다. 진정으로 이해할 수 있는 건 드물지만 저는 항상 뭔가 이해하고 싶어요. 제가 탐구하는 건 그것뿐이에요. 경험상 제가 뭔가를 이해할 수 있게 만들면 다른 사람도 이해하더라고요."

그는 수없이 많은 대단한 성과를 달성했지만, 예전에 다닌 직장에서 두 군데 빼고 모두 해고됐다. 워먼은 자신의 한계를 잘 알고 있고, 그중 하나가 '근본적인 게으름'이라고 말한다. 그리고 이 문제를 해결하려고 뭐든 시작하기 한참 전에 모두에게 미리 선언한다. 워먼에겐 이런 사례 말고도 동기를 부여하고 영감을 일으키는 매력적인 능력이 넘친다. 그는 테드와 혁신적인 지도 콘셉트를 통해 사람들의 이해를 끌어내려 한다.

힐 박사는 이렇게 썼다. "우리는 이해하지 못하면 믿으려 하지 않는다." 워먼은 평생 자신과 자신의 노력을 이해하려 애썼고, 그 결과 다른 이가 보지 못하는 기회를 포착하여 여러 기업과 비즈니스에서 성공했다. 그는 테드를 통해 이해와 그 결과로 얻을 수 있는 혜택을 원하는 수백만 명의 열정에 불을 지폈다.

실패는 곧 기회다

워먼도 실패한 경험이 있지만 실패가 자신의 길을 막지 않도록 끊임없이 노력했다. 오히려 그 경험을 활용해서 성장하고 자신의 강점과 약점을 철저히 이해했으며 힐 박사의 말 "모든 고난과 실패, 슬픔은 그만한, 혹은 그보다 큰 혜택의 씨앗을 품고 있다"가 진정으로 의미하는 바를 깨달았다.

어떤 실패도 자신감을 저해하거나 생각과 아이디어를 실체화하는 길을 막도록 내버려둬선 안 된다. 실패에 사로잡히지 말자. 그랬다간 뚫을 수 없는 장벽이 생기고, 그 장벽이 당신이나 당신의 생각보다 강해질 것이다.

그 대신 의도했던 결과가 나오지 않는 경험에서 교훈을 얻어야 한다. 무엇이 잘못됐는지, 이를 앞으로 반복하지 않으려면 어떻게 해야 하는지 알아내야 한다. 실패를 객관적으로 바라볼 때 실패가 가져다주는 진정한 혜택이 눈에 들어오고, 이를 더 잘 이해해서 앞으로 성공할 가능성을 높일 기회를 붙들 수 있다. 그러면 그 실패만큼, 혹은 그보다 더 큰 혜택의 씨앗이 자란다. 이 씨앗은 자랄수록 더 강해진다. 결국 싹을 틔우게 했던 처음 실패보다 더 크고 강해지기 마련이다.

워먼이 '인간의 인지 능력'이라고 부르는 개념을 적용하면 이 과정이 더 쉬워진다. 시야가 더 넓어질 뿐만 아니라 삶을 그 진정한 정체인 지도로서 바라볼 수 있다. 실패와 성공을 추적하는 한편, 앞으로 나아가지 못하게 막거나 의도했던 목표에서 멀어지게 했던 곁길과 목표에 가까워지게 했던 지름길도 파악할 수 있다. 그러면 예전보다 확실하게 길을 바로잡고 원하는 목적지, 즉 생각을 실체로 바꾸는 길에 접어들게 된다. 우리가 살면서 접하는 수많은 여정처럼 이 목적지는 기대를 넘어서는 경우가 많다.

테드 토크가 그 완벽한 본보기다. 기술과 엔터테인먼트, 디자인 산업을 융합하자는 아이디어로 시작한 테드 토크는 세계적인 돌풍을 일으켰다. 테드가 성장하는 데 광고나 홍보는 전혀 동원되지 않았다. 테드의 성공은 생각의 씨앗을 심는 관찰에서 시작됐다. 이 씨앗은 처음 구상했던 비전보다 훨씬 크고 위대하게 구현되어 풍성하게 성장했다.

아이디어를 최대한 단순화하라

워먼이 성공할 수 있었던 기반은 지난번보다 더 크고 좋은 아이디어가 아니었다. 오히려 아이디어와 생각을 단순화하고 가장 기본적인 형태로 축소될 때까지 생략한 것이었다. 그 결과 생각을 실체화하는 여정에서 역경과 문제, 방해물이 줄어들었다.

생각은 정말로 실체가 된다. 매일같이 새로운 제품과 서비스, 비즈니스, 개념이 출현하고 발견이 이뤄진다. 또한 그 과정은 A 지점에서 B 지점까지 논리적인 궤도를 따른다. 우리는 각자 이 궤도를 인식하고, 진행을 방해하거나 되돌리는 요소를 제거하여 인내와 성취를 유도하는 생각으로 대체할 능력이 있다. 비즈니스를 시작하고 싶든 소프트웨어 프로그램을 제작하고 싶든, 재정 상태를 빈곤에서 풍요로 바꾸고 싶든 모두 적용된다.

다른 사람이 이것을 계획이라고 할 때 누군가는 '지도'라고 한다. 어떤 이름으로 부르든, 그 여정을 지나치게 복잡하게 꼬거나, 두려움이나 실패를 생각하느라 돌아가지 마

라. 당신이, 아니 정확히 당신만이 성공으로 가는 여정을 완전히 통제할 수 있다.

떠오르는 생각을 통제하고 그 과정에서 밟는 단계에 집중하며, 이 길이 당신을 어디로 이끄는지 주목하라. 워먼처럼 맹목적인 추구가 아니라 '정보가 있는 탐구'를 통해 궁극적인 성공으로 이어지는 길을 닦을 수 있을 것이다.

운명을 바꾸는 생각의 비밀

1. 스스로 무언가 이해할 수 있게 만들면 다른 사람도 이해한다.

2. 실패를 성공할 가능성을 높일 기회로 인식하라.

3. 아이디어를 키우지 말고, 최대한 축소하고 단순화하라.

생각을 실체화하는 지도

Thoughts Are Things

6장

진정한
부자가 되는 길

당신의 비전과 꿈을 영혼의 자식처럼,
궁극적인 성취로 이어지는 청사진처럼
소중하게 생각하라.

– 나폴레온 힐

『생각하라 그리고 부자가 되어라』는 지금까지도 역사상 가장 성공한 기업가로 꼽히는 리더와 선구자들을 20년에 걸쳐 인터뷰한 끝에 쓰인 책이다. 나폴레온 힐이 하나하나 세세하게 분석한 대가들의 비밀은 오늘날에도 커다란 의미가 있다. 지금도 모든 성공의 기원은 하나로 추적할 수 있기 때문이다. 바로 생각이다.

하지만 노력과 성공으로 이어지는 생각을 어떻게 창조해야 할까? 성공 가능한 아이디어를 떠올리고 실체화하려면 경영학 학위가 필요할까? 당신이 아는 무언가, 혹은 아는 사람이 당신이 무슨 생각을 할지, 그 생각에 따라 어디로 갈지 결정하는 것일까? 산업 외부에서 안쪽을 바라보면서 내부인 못지않게 파급력이 큰 비전을 창조할 수 있을까? 아니면 그 산업에 견고한 기반이 있어야 할까?

이 책에 등장하는 많은 기업가의 말을 들어보면 확실히 생각의 기원은 사람마다 고유하다. 누군가는 사물을 다르게 바라보는 능력을 타고난다. 어떤 이는 창의적인 생각을 떠올리고, 생생하게 상상하며, 현재 상태에 만족하지 않는다. 이들은 채워지지 않은 욕구나 풀리지 않은 문제를 포착하고 그 답을 찾아낸다.

하지만 모든 리더는 한 가지 사실에 동의한다. 생각만으로는 성공할 수 없다. 생각한 결과 취하는 행동이 실제 결과를 가져온다.

실천 가능한 생각이 떠오르면 당신도 알 수 있다. 그리고 이런 일은 수시로 일어난다. 책을 읽다가 얻은 아이디어가 행동할 동기를 부여하기도 한다. 단순한 관찰에서 아이디어가 떠올라서 실행할 영감을 줄 때도 있다.

가끔 한밤중에 위대한 아이디어가 불쑥 떠오르면 아침에 사라질까 두려워져, 침대에서 벌떡 일어나서 적어 내려가기도 한다.

웨스트제트WestJet와 제트블루JetBlue 항공의 공동 창립자로서 아줄 브라질 항공Azul Brazilian Airlines과 협력하여 브라질에서 새로운 항로를 개척하는 데이비드 닐리먼David Neeleman에게 탁월한 아이디어는 정해진 시간과 장소에서 꾸준히 찾아왔다.

"저는 샤워하면서 여러 가지를 생각합니다. 그때가 온전한 제 시간이에요. 어떤 생각이 떠오르면 빨리 샤워를 끝내고 실현하러 가고 싶어져요."

닐리먼은 남다른 경력을 쌓으면서 놀라운 생각들을 '실현'했다. 그는 세상을 바라보는 독특한 관점 덕분이라고 말한다.

"제가 어떻게 생각을 실체로 바꾸느냐고요? 운이 좋아서라고는 생각 안 해요. 저는 단점도 많지만, 한 가지 상황을 색다른 관점에서 들여다보고 다른 방식으로 할 수 있다고 말합니다. 왜 그렇게 못 하느냐고 질문하죠. 그다음에는 실현해요.”

　함께 일하는 사람들은 닐리먼이 무슨 일이든 간단히 해치우는 것처럼 보인다고 말한다. 그는 뭐라고 대답했을까? “정말로 간단해요. 하나, 둘, 셋, 끝입니다. 실행하고, 완료하면 돼요. 머릿속에서 무언가 창조할 수 있는 능력이 중요하죠. 모든 측면을 빠짐없이 생각하고 뇌리에 만들어내야 합니다. 경우의 수가 1000가지나 되더라도요. 앞으로 무엇이 될지 머릿속에 그림을 그린 다음 투자자와 당신을 도와줄 사람, 당신과 일할 사람들에게 어떻게든 그 그림을 그려줘야 합니다. 그들에게 신뢰를 끌어내고 도움을 받아서 창조하는 거죠. 제트블루의 성공에 놀랐냐고 묻는 사람들이 있는데 저는 아니라고 대답합니다. 제가 생각한 방향과 정확히 일치하니까요.”

　당신이 일하는 동안, 혹은 샤워하는 동안 동기를 유발할 아이디어를 얻는다면 닐리먼의 직설적인 방법을 시도해보자. “뭔가 생각하고, 또 생각하고, 문제를 해결하고, 실현한다.”

문제에 대비해 확실한 성공을 계획하라

물론 아무리 결과를 명확하게 그리더라도, 이루려는 의지가 투철하다고 해도 아이디어를 실체화하는 과정에서 예외 없이 장애물이 등장하기 마련이다. 다른 모든 위대한 기업가들처럼 닐리먼도 자신의 전투를 도와주고 목표를 추구할 때 찾아오는 역경을 물리칠 수 있는 안정적인 무기고를 마련했다.

그 무기 가운데 하나가 과거부터 현재까지 지인이든 책이든 출처를 가리지 않고 적극적으로 멘토를 물색하는 것이었다. 멘토의 조언과 경험, 전문적인 지식은 생각과 행동에 정보와 영감을 제공한다. "제 아버지는 제게 평생 지위와 상관없이 사람들을 평등하게 대하는 게 중요하다고 가르치셨어요. 그리고 제 일을 더 잘해낼 수 있게 영감을 주는 멘토와 수많은 사람을 만났습니다."

또 다른 무기는 어려운 상황이 복잡해지지 않게 늘 단순화하는 방법을 찾는 것이다. 닐리먼이 아줄 항공에서 마주친 문제를 해결하는 방식에서 이런 접근법의 효과가 드러난다.

"항공기 128대가 100개에 달하는 도시에서 밤을 새웠어요. 1%의 확률로 항공기에 기계적 문제가 발생했죠. 이 가운데 60개 도시에 취항하는 항공사는 우리뿐이어서, 항공기를 수리하고 유지할 때 필요한 부품을 들여올 방법을 찾아야 했습니다. 물류 문제와 전문성 문제를 동시에 해결해야 했어요. 그래서 작은 전용기를 하나 구매해서 정비공이 타고 다닐 수 있는 전세기로 개조했습니다. 도시마다 정비공을 상주시키는 게 아니라, 전세기에 전문 기술자 두 명을 태워서 밤에도 비행했어요. 이 전세기는 전문성 센터 역할을 하며 직접 문제가 생긴 항공기를 찾아가서 수리했죠. 산을 마호메트에게 보내지 않고 마호메트를 산으로 보낸 겁니다."

'열망' 역시 닐리먼이 장애물이 존재하는데도 목표를 향해 갈 수 있었던 핵심이다. 그는 열정적으로 투자하는 목표가 아니라면 추구하지 않았다. 닐리먼은 이 열정 덕분에 원하는 것을 얻는 과정에서 어떤 장벽이 나타나더라도 부단히 노력할 수 있었다.

그는 이렇게 표현했다. "역경이 크긴 하지만, 기회는 더 커요."

또한 성공으로 가는 길에 존재하는 장애물을 극복할 수 있을 만큼 자기 생각과 아이디어를 믿는 데는 신념이 중요한 역할을 했다고 말한다.

제 종교의 교리를 지키며 사는 게 큰 역할을 했어요. 일부 사람들은 모든 걸 1차원적인 관점에서 보는 경향이 있다고 생각합니다. 그런데 다른 차원이 존재한다고 생각하면 대상을 영원한 관점에서 볼 수 있죠. 비즈니스가 실패하더라도 영원이라는 측면에서 그 실패는 아무 의미가 없어요. 신이 어떤 존재인지, 실재하는지는 논쟁이 있지만 저는 다른 차원은 존재한다고 믿어요. 신앙과 비유하면 사람들은 항상 이런 말을 하죠. '모든 것이 신에게 달린 것처럼 기도하고, 전부 나에게 달린 것처럼 일하라.' 똑바로 일어서서 스스로 실행하고 이뤄내야 합니다.

역경을 물리칠 계획을 세우는 것도 중요하지만, 실제로

위기에 몰릴 때 거기서 배우는 능력도 중요하다. 이런 능력은 위대한 성공 신화의 특징으로, 닐리먼 역시 예외는 아니었다.

　20대 초반에 소규모 여행사를 설립했어요. 아무것도 없이 시작해서 리조트 이용권을 판매하려고 했는데 팔리지 않길래 대여하는 쪽으로 방향을 바꿨죠. 여기에 항공료를 산정했고요. 그래서 많은 돈을 벌었고 도와줄 사람들을 고용했어요. 인생이 잘 풀리더군요. 그러다 갑자기 함께 일하던 항공사에서 사업을 접는다는 연락이 왔어요. 선불 이용권을 구매한 고객들이 있었는데 대금을 갚지 못했죠. 그래서 회사를 폐업했습니다.

　누군가에게는 경력이 끝날 만한 난관이었을 것이다. 닐리먼은 이 고난을 배울 기회로 받아들였고, 나아가서 더 현명하게 철저히 준비하는 쪽을 선택했다.

　제게는 좀 우울한 시기였어요. 그때부터 다른 사람에게 절대 의지하지 않았습니다. 제트블루를 설립할 때는 미리 자금을 마련했어요. 다른 사람에게 기대야 하는 상황에 빠지고 싶지는 않았으니까요.

혼자 가지 말고 함께 가라

성공하고 변화를 이끌어내려면 정규 교육을 받아야 할까? 엄청난 성공으로 이어지는 생각을 창조하려면 그 분야에서 대단한 경험을 쌓아야 할까?

사실 닐리먼을 포함해서 역사상 가장 위대한 성공에는 둘 다 필요하지 않았다.

저는 고등학교를 졸업했고 명예박사 학위도 받았지만 고등학교 졸업장과 박사 학위 사이에는 아무것도 없어요. 저는 교육의 힘을 신봉합니다. 교육받을 기회가 있어야 합니다. 교육은 인간의 삶을 바꿉니다. 저는 교육을 사랑하고 적극적으로 참여하고 있어요. 하지만 대학교 학위는 없습니다.

닐리먼은 조종사가 아니고, 비행기를 조종해 본 경험도 없지만 성공적인 항공사 세 곳을 설립했다. 그는 밑바닥부터 고생할 필요도, 그 산업을 비롯하여 다양한 업을 경험할 필요도 없다는 사실을 깨달았다. 생각을 창조하고 실행하며, 밀어붙이고 역경을 극복한 덕분에 비전을 수립할 수 있었다. 티켓이 없는 여행도 그런 발상에서 나왔다.

자동차를 렌트하거나 비행기로 여행할 때 물리적으로 인쇄된 티켓이 필요하다는 데 주목했어요. 티켓은 양도 불가 증권처럼 잃어버리면 문제가 됩니다. 사람들이 방에 가득 모여서 티켓을 쌓아놓고 발송하는 모습을 지켜보는데, 직원 중 하나가 티켓이 아니라 그냥 바코드만 보내면 안 되냐고 하더군요. 그때 확정 번호만 보내면 되겠다는 생각이 들었어요. 하지만 실현에 필요한 관계형 데이터베이스나 시스템이 없었죠. 그래서 파트너에게 관계형 데이터베이스를 구축해 달라고 했어요. 보답으로 새 지프를 선물했고요.

닐리먼도 트레이 어반처럼 성공을 일구는 능력은 다른 이의 도움에 달려 있다는 사실을 일찍 깨달았다. 자신에게 부족한 전문성을 가진 사람들에게서 아이디어와 조언을 구했고, 그들 없이는 성공할 수 없다는 사실을 알고 있었다.

저 혼자 브라질에서 항공사를 시작할 수는 없었을 겁니다. 저는 금융부터 홍보, 마케팅, 경영, 유지 보수, 조종사 훈련에 이르기까지 모든 분야의 사람들을 직접 뽑았고 회사 설립을 도와주면 발기인주founder's share를 주겠다고 했어요. 그 주식을 넘기지 않았으면 제 지분이 증가했겠지만, 회사가 가치 있고 큰 기업으로 성장하지는 못했을 거예요.

사람들과 함께 일하고 협력하며 당신의 비전을 공유하면 다른 이도 합류하여 당신을 도와줄 것이다. 치밀하게 계획된 훌륭한 아이디어라면 재능과 시간, 돈을 투자하여 지지하고 길을 열어주며 그 과정에서 그들과 당신이 함께 성공할 확률을 높일 수 있다.

『생각하라 그리고 부자가 되어라』라는 제목을 접하면

대부분 곧바로 물질적 부와 연결해서 생각하기 마련이다. 힐 박사의 철학을 따르는 수많은 추종자가 달성한 것도 바로 물질적인 부였다. 하지만 흥미롭게도 힐 박사는 책에서 실제 돈을 버는 이야기는 그다지 많이 다루지 않았다.

힐 박사에게 부라는 단어는 의미가 다르거나, 최소한 훨씬 넓은 의미로 쓰였다. 그의 철학적 맥락에서 부는 목표를 달성하기 위해 생각을 활용하고 활성화했을 때 주어지는 풍부한 보상일 뿐, 목표 그 자체는 아니다.

닐리먼은 일과 삶에 접근하는 방식을 통해 힐 박사가 의도했던 진정한 의미에 걸맞게 부유해졌다. 제트블루와 아줄 항공은 일하지 않아도 될 만큼 엄청난 금전적 부를 가져다줬다. 하지만 그는 돈이 아니라 다른 이를 도울 기회를 얻으려고 일한다. "제가 생각하는 부의 정의는 행복해지는 것, 다른 이를 행복하게 하는 겁니다. 제게 '부'는 최대한 많은 이의 삶을 바꾸고 세상을 좀 더 나은 곳으로 바꾸는 걸 의미해요."

이것이 닐리먼에게 영감을 줬고, 그의 정신을 자극해서 끊임없이 위대한 생각을 창조하게 했으며, 그 생각을 실행해서 구현하도록 동기를 부여했다.

생각은 왔다가 사라진다. 비즈니스와 전체 산업도 나타
나고 사라질 것이다. 동기 부여와 열망이 궁극적인 성공을
결정하며, 기업가들이 새로운 목표를 수립하고 그에 맞춰
행동하도록 영감을 준다. 닐리먼처럼 당신도 '왜'를 정의하
면 영감과 신념, 협력을 통해 '어떻게'가 나타날 것이다. 모
든 유형의 부도 마찬가지다.

운명을 바꾸는 🔑 생각의 비밀

1. 생각만으로는 성공할 수 없다. 생각한 결과 취하는 행동이 실
   제 결과를 가져온다.
2. 문제를 해결하는 나만의 무기를 확보하라.
3. '부'는 다른 사람을 행복하게 하는 것이다.

Thoughts Are Things

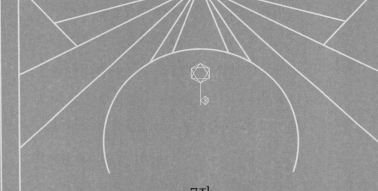

7장

감정에도
효율이 있다

BOB PROCTOR

자신의 감정을 신념 및 아이디어와 결합해야 한다.
이는 삶에서 조화를 이룰 수 있는
유일한 방법일 것이다.

– 나폴레온 힐

인간의 정신에는 생각과 경험을 낳고, 저장하고, 처리하는 놀라운 능력이 있다. 하지만 여기서 열망과 노력을 잠재우는 부분도 존재한다. 바로 잠재의식이다. 잠재의식은 뇌에서 우리를 보호하는 기능을 한다. 고통이나 후회를 일으키는 모든 것을 기억했다가 비슷한 경험을 맞닥뜨리면 그 정보를 다시 불러온다.

예를 들어 어렸을 때 난로를 건드렸다가 손을 덴 경험이 있으면 잠재의식은 그 사고로 발생했던 고통을 기억한다.

그 후로는 영원히 난로는 물론이고 뭐든 뜨거운 것에 가까이 가면 잠재의식은 당신을 보호하고 같은 고통을 방지하려고 예전 경험을 다시 끄집어내서 의식하게 한다.

잠재의식은 후회나 당혹감, 수치심 같은 감정적 고통도 저장한다. 그래서 무엇인가 실패하면 다시 시도하는 것을 꺼리게 된다. 잠재의식이 기억을 되살리고, 또 다른 실패를 경험하여 그와 관련한 고통을 느끼지 못하게 막으려 하기 때문이다.

감정은 의지를 약화하고 성공할 가능성에 부정적인 영향을 줄 수 있지만, 역경과 회의적 시선, 내면의 의심에 맞닥뜨렸을 때 생각을 실체로 바꾸는 힘과 추진력을 더해주기도 한다. 잠재의식이 실패할지도 모른다고 속삭이더라도 감정은 포기하거나 항복하지 않게 막아준다. 우리가 원하는 바를 계속 추구하도록 동기를 부여하는 연료로 작용하는 것이다.

긍정적이든 부정적이든 감정은 결과에 큰 영향을 미친다. 감정이 강할수록 영향력도 커진다. 또한 자기감정을 잘 인식하고 통제할수록 감정에 따라 정확히 어떤 영향이 나타날지 파악하고, 목표에 가까워지거나 멀어지게 할 수 있다.

저명한 기업가 데이브 맥기니스Dave McInnis는 부정적인 감정을 긍정적인 자산으로 자유자재로 전환하는 사람이다. PR웹PRWeb과 크랜베리Crangerry를 창립한 맥기니스는 모든 기업가 정신에 작용하는 감정의 역할을 증명하는 산증인이며, 감정에 휘둘리지 않고 자신에게 유리하게 활용하는 모범 사례라고 할 수 있다. 그 흥미진진한 이야기를 소개한다.

분노와 기쁨을 효율적으로 활용하는 법

"어떤 아이디어가 실현 가능하고 성공할 가능성이 있는지, 기업가가 어떻게 알 수 있을까요?" 이 질문에 대한 맥기니스의 대답에서 핵심은 감정이었다. 감정은 그가 아이디어를 떠올리고 비즈니스 모델을 창조할 때 공통적으로 고려하는 요소이기도 하다.

감정에도 효율이 있다

PR웹을 시작할 때는 화난 상태였어요. 한 회사에 보도 자료를 보냈는데 아무도 신경을 안 쓰더군요. 그때가 1995년이었는데 제 보도는 아무런 반향을 일으키지 못했어요. 그래서 PR웹을 창립한 겁니다. 그때 제게는 전혀 자원이 없었어요. 갖고 있던 걸 활용했죠. 투자한 건 제 시간과 2주간의 초기 프로그래밍뿐이에요. 비즈니스 모델도 없었습니다. 초기 3년에서 4년 동안은 요금을 청구하는 방법도 몰랐어요. 사람들에게 이렇게 말했죠. "보도 자료를 제작하는 대가를 주고 싶으면 돈을 보내 주세요." 전부 자발적인 기부가 기반이었어요. 첫해 연말에는 8만 달러를 받았습니다. 두 번째 해에는 160만 달러였고요. 사람들에게 돈을 청구하지도 않았는데도 돈이 밀려 들어왔어요. 이렇게 기부를 기반으로 비즈니스를 운영할 때는 고객을 기쁘게 해야겠다는 의무감 같은 게 생깁니다.

맥기니스는 분노와 기쁨이라는 양극단에 있는 강렬한 감정을 활용하여 자원이나 이렇다 할 투자, 비즈니스 모델도 없이 차별화된 방법을 이끌어내고 대단히 성공적인 비즈니스를 창조했다.

이때 맥기니스가 언급한 '기쁨'은 자신이 아니라 고객의 기쁨이라는 사실을 꼭 기억해야 한다. 맥기니스는 사람들의 의사결정 과정에서 감정이 중요하게 작용한다는 사실을 본능적으로 이해했다. 고객과 긍정적으로 교감하는 방향으로 경영하면, 즉 고객이 경험과 결과에 기쁨을 느끼면 성공이 따라온다는 사실을 알고 있었다. 그건 확실한 사실이었다.

일류 생각 리더들은 100년 전에도 위대한 성공이 지름길로 가거나 할 일을 최소화해서 얻는 게 아니라는 사실을 이해하고 있었다. 항상 기존 범위를 벗어나려는 의지가 위대함을 결정짓는다. 이는 보통 '한 걸음 더 나아간다'라고 표현되곤 한다.

고객을 기쁘게 하는 데 주력했던 맥기니스의 노력은 곧 PR웹 문화의 근본으로 자리 잡았다. "따로 직원을 고용해서 고객과 접촉하고 고객이 만족하는지 확인하는 업무를 배정했어요. 게다가 편집자들 모두 고객에게 보내는 친필 감사 엽서를 매일 최소한 10장씩 씁니다."

감정에도 효율이 있다

PR웹은 고객을 기쁘게 함으로써 발전을 어쩌다 한 번이 아니라 시스템적으로 구축했다. 그 결과 회사는 굳건한 명성을 구축했고, 충성도 높은 고객의 열렬한 지지를 받았다.

비즈니스에 탄력이 붙으면서 맥기니스의 헌신적이고 끊임없는 혁신을 통해 고객 충성도는 더욱더 무르익었고, 회사의 성장에 또 다른 핵심 요소로 작용했다. 다시 말하지만 맥기니스는 이 분야에 경험이 없다. 하지만 훌륭한 조언을 얻었다고 한다.

폴 앨런Paul Allen은 한 달 동안 보도 자료를 내지 않으면 업을 접어야 한다고 했어요. 고객이 뭔가 하고 있다고 매달 발표하지 않으면 추진력이 사라진다고요. 저는 이 말을 가슴 깊이 새기고 4주나 6주에 한 번씩 뭔가 새로운 걸 발표했어요. 가장 충성도가 높은 사용자를 서포터로 삼았죠. 이 사람들은 전화 회의에 참여하거나 제품을 사전에 검토하고, 제가 보내는 메시지를 전달해 줍니다. 다들 끝까지 헌신적이었어요.

많은 이가 새 고객을 유치하는 데 시간을 투자하지만 기존 고객을 유지하는 것에는 별로 신경 쓰지 않는다. PR웹 같은 성공적인 기업은 계속해서 새 고객을 유치하려고 시간과 자원을 쏟는 것보다 기존 고객을 유지하는 편이 비용 효율이 높다는 사실을 잘 알고 있다. 충성 고객이 없는 비즈니스는 수명이 짧다. 나폴레온 힐에 따르면 '충성도의 부족은 분야를 막론하고 실패하는 중요한 원인이다.'

PR웹은 진솔하게 고객과의 긍정적인 유대감을 쌓아서 성공을 보증하는 것이나 다름없는 충성도를 구축했고, 혁신적 방식을 찾아내서 고객들이 새로운 서비스를 경험하려고 계속 돌아오게 했다.

두려움을 연료로 태워라

PR웹이 시도했던 것처럼 낯설고 색다른 벤처 기업을 설립하는 건 태생적으로 위험할뿐더러 어느 정도의 두려움을 반드시 유발한다. 맥기니스는 그 두려움에 면역이 없었지만, 그래도 시작한 지 단 2주 만에 PR웹을 론칭했다.

분석 마비analysis paralysis 현상은 두려움에서 나옵니다. 저는 두려울 때마다 조금 더 깊이 파고들어요. 바로 거기 기회가 있으니까요. 두려움은 누구나 느낍니다. 크랜베리에서는 구글 뉴스Google News가 같은 일을 한다는 사실을 알았고 기회를 놓쳤다고 생각했어요. 그러다 분석 정보를 들여다보면서 구글은 문제가 안 된다는 걸 깨달았죠.

과거에 두려움은 부정적 요인이었지만 이 경우에는 긍정적 요인이었다. 맥기니스는 두려움이 클수록 기회도 크다고 말한다. 사실 그는 두려움을 아이디어에 진정한 가치와 잠재력이 있다는 신호로 받아들였다. 맥기니스의 자세에서 거의 100년 전 나폴레온 힐이 했던 말이 떠오른다. "두려움을 거꾸로 하면 신념이 된다. 신념과 두려움을 모두 받치는 기반은 무엇인가에 대한 믿음이다."

맥기니스가 PR웹을 만들고 다른 기회를 물색할 때 두려움은 장애물이 아니었다. 그때 맥기니스는 두 번째로 성공한 기업 크랜베리를 설립했다.

저는 2년 동안 어슬렁거리면서 다시 보도 업계로 들어갈 방법을 찾고 있었습니다. 몇 가지 작업을 하고 나서, 이 일은 기회가 없고 수명을 다했다고 판단했어요. 제가 존재하는 이유는 고객의 메시지를 전달할 때 미디어에 의존할 필요가 없는 우회로를 창조하는 거였죠. 그래서 기자를 고용해서 고객을 인터뷰하고 기사를 썼습니다. 그다음 사이트로 방문을 유도하고 마케팅했어요. 우리는 뉴스 마케터였어요.

이렇게 그는 또다시 지도에 없는 영역에 발을 들였고 막대한 성공을 거두었다. 충족되지 않은 수요를 찾아내는, 이미 증명된 감정 중심의 공식 덕분이었다. 이미 존재하는 제품과 다르거나 더 나은 것을 제안하고 고객이 돈을 낼 필요가 없더라도 기꺼이 비용을 지불할 만한 방식으로 전달하는 것이다.

당신의 꿈과 목표를 둘러싼 감정은 무엇인가? 감정은

긍정적이든 부정적이든 생각에 반영되고 결과에도 큰 영향을 미친다. 자신의 감정을 알아차리고 주도하며 긍정적이고 생산적인 행동으로 이어지도록 유도하여, 목표 달성에 더 가까워질 수 있는 능력을 키워야 한다.

운명을 바꾸는 🔑 생각의 비밀

1. 감정은 부정적인 영향을 줄 수도 있지만, 긍정적인 힘과 추진력을 더하기도 한다.

2. 분노와 기쁨, 두려움과 같은 감정을 연료로 활용하라.

감정에도 효율이 있다

Thoughts Are Things

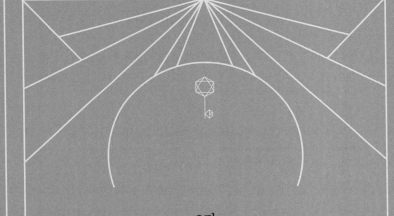

8장

장애물을 정복하라

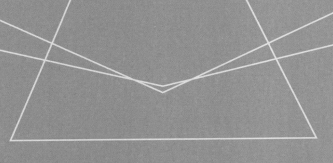

BOB PROCTOR

인간의 유일한 한계는
마음속에서 정해지는 생각의 한계뿐이다.

- 나폴레온 힐

데이브 맥기니스가 새로운 일을 시작하고 자원이나 경험 없이 정상에 오른 것처럼, 산 밑에 서 있던 베르너 베르거Werner Berger 역시 온갖 역경을 극복하고 비유적 의미뿐만 아니라 실제로도 정상에 올랐다.

　전기도 물도 나오지 않는 방 세 개짜리 농가에서 가난한 인생을 시작했던 베르거는 국제적인 기업 리더십 컨설턴트이자 협조적이고 활기찬 일터 만들기에 집중하는 전략적 성과 인터내셔널Strategic Results International의 대표가 됐다.

그는 잠재력 전문가이기도 하다. 다양한 업적을 달성했지만 그중에서도 두드러지는 건 최고령자로서 전 세계 7개 대륙마다 가장 높은 산 정상에 오른 기록이다.

베르거가 산에서도, 비즈니스에서도 이토록 높은 경지에 오를 수 있었던 건 동일한 원칙을 적용한 덕분이었다.

모든 것은 태도에서 시작한다

베르거는 등산을 준비하면서 아주 명확하고 강력한 목표를 세운다.

저는 제 행동이 어떤 결과를 가져올지 알고 있었습니다. 실행했을 때와 안 했을 때의 비용을 파악했죠. 건강해지려고 발버둥 친다고 산이 신경이나 쓸까요? 아니요, 제 팀원들과 저나 신경 쓰죠. 1년 동안 몸을 몰아붙이고 나니 운동에 대한 열정이 예전 같지 않더군요. 물론 산은 그것도 신경 쓰지 않아요. 중요한 질문은 이거예요. '정상에 올라서 안전하게 돌아오고 싶은가?' 저는 결정했습니다. 인지된 보상과 감정, 정신적 보상, 금전적 보상이 개인적 비용보다 크다면 다른 선택지는 없었어요. 운동하거나, 중간에 포기할 수밖에요. 그만큼 단순한 문제예요. 하거나, 말거나죠. 선택은 제가 하는 겁니다.

안타깝게도 많은 사람이 '하기로 선택했다'라고 하고선 아무것도 안 해요. 그렇게 스스로 속이는 모습을 보면 서글퍼집니다. '안 한다'고 해도 얼마든지 괜찮아요. 한다, 안 한다는 본인이 약속하는 거예요. 저는 자기가 한 말을 진정으로 지키려고 할 때 인생이 바뀐다는 사실을 배웠어요. 그렇게 존재하다 보면 상황은 변화합니다. 저는 모두에게 이렇게 삶을 바꾸는 선언을 하라고 요구하고, 독려하고, 기도해요. 이런 결정은 순식간에 일어나고 모든 걸 바꿉니다.

대륙마다 가장 높은 산 정상을 오른다는 건 무척 힘든 일이다 보니 시도한 사람이 거의 없다. 해낸 사람은 더 드물다. 지나치게 힘들고 엄청난 일이라는 사실을 깨닫고 쉽게

장애물을 정복하라

포기해 버리기 때문이다.

나폴레온 힐은 이렇게 말했다. "보통 사람들이 '불가능'이라는 단어에 익숙하다는 건 인류의 커다란 약점이다." 베르거의 목표는 말 그대로 불가능해 보였으니 얼마든지 포기할 수도 있었지만, 베르거는 포기하지 않았다.

그에게 동기를 부여하고 투지를 불태워준 것은 상황이 힘들어지더라도 중단하지 않으려는 긍정적인 자세였다. 그는 전 세계의 산에 오르며 즐겁고 성공적인 등정을 하려면 '태도가 전부다'라는 결론을 내렸다. 이 결론을 잘 보여주는 사례가 디날리산 등정을 세 번째 시도했을 때였다.

처음 시도했을 때는 영국에서 온 여성이 우리 소모임에 함께했어요. 은행에서 일하는 남성 동료들에게 자신이 '남자들'에 맞서 꿋꿋이 버틸 수 있다는 사실을 증명하기 위해서였죠. 120명이 넘는 사람들의 목숨을 앗아간 산에 도전하기에 적당한 이유는 아니었어요. 어느 날 이 여성이 가파른 비탈 앞에서 불쑥 욕설을 뱉더군요. "저길 올라간다고요?" 저는 생각했어요. '네, 그러려고 왔으니까요.' 그녀는 당연하게도 24일짜리 모험을 중도에 포기했습니다. 우리도 정상에 오르지는 못했고요. 정상에서 수직으로 겨우 60m를 남겨두고 거센 돌풍이 불어서 말 그대로 날려가다시피 하고, 구름이 온 사방을 뒤덮었기 때문이죠. 높은 곳에서 발이 묶였다가 겨우 탈출해서, 자정 직전에 910m 아래에 있는 하이 캠프에 돌아왔어요.

두 번째 시도했을 때도 하이 캠프에 갇혔습니다. 이번엔 팀에 사람이 더 많았어요. 예상치 못하게 눈보라가 덮쳤고 계속 우리 텐트를 뒤흔들면서 9일 동안 엄청난 눈을 퍼부었어요. 가끔 자다가 일어나서 텐트 위에 무겁게 쌓이는 눈을 삽으로 퍼내야 했죠. 낮에는 눈덩이로 텐트마다 이중 벽을 쌓아서 텐트를 보강해야 했습니다. 거센 바람에 금방 무너졌지만요.

팀 내에서는 이 상황을 두고 복합적인 감정이 오갔습니다. 일부 팀원들은 화이트 아웃이 닥쳤는데도 눈을 조각하고 게임을 하고, 눈에 갇힌 채 글을 쓰거나 읽으면서 힘차고 박력 있게 일을 해치웠어요. 다른 팀원들은 다른 곳으로 가고 싶다고 간절히 기도했죠. 5일째부터는 두 번째 그룹에 심각한 무기력증이 닥쳤어요. 심히 걱정될 정도로요. 안색이 창백하게 질려서 고산병 징후를 보였고, 침낭에서 거의 벗어나지 않더군요. 그 사람들은 따뜻하고 안전한 집에 가고 싶다고만 생각했어요. 저는 악천후가 멈춰서 정상에 오를 마지막 기회가 생기길 기도했죠. 하지만 야속하게도 날씨는 겨우 탈출해서 내려올 정도로 잠깐 잠잠해졌을 뿐이에요.

이런 상황은 베르거에게 중요한 교훈을 두 가지 남겼다.

이 산에 오르겠다고 선택한 건 우리예요. 난관에 부닥칠 수 있다는 건 예상했어야죠. 역경을 마주했을 때, 중립적으로 볼지 부정적으로 볼지는 각자 선택할 수 있습니다. 중립적으로 생각하면 긍정적으로 행동할 수 있지만 부정적 생각은 부정적 감정으로 이어집니다. 이런 감정은 불리한 행동을 부추기고 당연히 몸도, 마음도, 감정도 지칠 수밖에 없어요.

또한 베르거의 머릿속에 태도와 결과의 근본적인 상관

관계를 각인했다. "태도를 바꾸면 결과가 바뀌고, 인생이 바뀝니다."

비참함을 곱씹지 마라

베르거는 틀림없이 활동적인 사람이다. 육체적으로 훨씬 젊은 사람과 비교해도 경이로운 수준을 달성했다. 어린 시절 어려운 가정환경과 역동적인 삶을 거쳐 비즈니스에서 성공을 이르기까지 막대한 헌신과 집중력, 시간을 투자했다. 이런 성취는 쉽게 이뤄지지 않는다. 그저 구경꾼으로 남는다면 성공할 수 없다.

수없이 전진하며 목표에 몰두했던 베르거가 회사를 매각할 때 힘들었던 것은 어찌보면 당연하다.

마흔 셋에 회사를 매각하면서 저는 죽은 거나 마찬가지였어요. 감정적으로는 그랬죠. 무엇인가를 향해 나아가는 게 아니라 손을 떼버렸으니까요. 1년 후 가족들의 재산을 잃었고 처음으로 18%에 육박하는 대출 금리를 짊어졌어요. 1981년에는 주식 시장이 붕괴했고요. 그 와중에 제 전처가 사업에 성공하면서 저는 전업주부가 됐습니다. 얼마 안 돼서 '주부 증후군'이 생기더군요. 인정받지 못하고 성취감이 없는 똑같은 일을 매일 반복해야 했거든요. 2년이 지나자 감정적으로 무너졌고 집에서 벗어나려고 새로운 일을 시작했어요. 뭔가 도전적이고 영감을 주는 일을 찾아야 했죠.

다음 돌파구가 생길 때까지 2년이 더 걸렸다. "컨설팅 그룹에 들어갈 기회가 생겼고, 이 기회가 제 인생을 구원했어요. 저는 윌슨 러닝 코퍼레이션Wilson Learning Corporation에서 설계한 실용적인 코칭 모듈과 대인 관계 기술을 정신없이 연구했어요. 기업주였던(그리고 수석 요리사이자 허드렛일꾼이었던) 경험을 모두 동원해서 서서히 탄탄한 고객 기반을 구축했습니다. 고객 서비스 컨설팅에서 자문 영업learning corporation, 경영 효율성excellence, 고위 리더십까지 13개 기술 부문의 교육자 양성 프로그램을 발전시켜 갔어요. 4년 후에는 보금자리를 찾았고요. 능력 있고 독립적인 컨설턴트 아홉 명이 하나둘 빠져나가다가 제가 마지막으로 떠났습니다. 저는 많은 비즈니스를 일으켰고 여전히 기적이 일어나길 바랐어요. 석 달 후 회사는 파산을 선언했죠. 그때 이혼 절차를 마무리하고 있었고 100만 달러에 달하는 비즈니스가 걸린 상태였지만 감정적으로도, 제 인생 자체로도 더할 나위 없이 좋았어요."

1982년에는 베르너 에르하르트 EST 트레이닝Werner Erhard EST training에 참여했습니다. 진행자가 우리에게 죽기 전에 하고 싶은 일 세 가지를 생각해 보라고 했어요. 이런 기회가 없었다면 평생 실천하지 않았을 일이겠죠. 영화 「버킷리스트」가 아직 안 나왔을 때였어요. 제 머릿속에는 '킬리만자로산과 마터호른산을 등정하고 에베레스트산 베이스캠프까지 올라가기'가 떠올랐어요. 2년 후, 모험을 좋아하는 제 아들 폴이 에베레스트산 베이스캠프에 가자고 하더군요. 저는 선뜻 승낙했고 1992년에 웅장한 히말라야 산맥이 제 눈앞에 펼쳐졌습니다. 새로운 열정이 시작되는 순간이었죠. 다시 한번 모든 피조물의 위대함을 떠올리고 경외심을 느꼈고, 겸허한 마음으로 창조주의 섭리에 고개를 숙였어요. 그때부터 도전을 시작해서 이제 7개 대륙마다 최고령으로 가장 높은 산 정상(에베레스트산 포함) 등정 기록을 세웠고, 킬리만자로산을 네 번 등정했어요. 탐험대를 이끌고 계속해서 멀리 환상적인 장소를 찾아다녔습니다.

베르거는 온갖 고난이 닥쳐도 인내할 줄 알았다. 그는 목적을 이루기 위해 평생 자신을 재창조해야 했다. 최초로 '라이프 리이매진 어워드Life Reimagined Award'를 수상한 건 단순한 우연이 아니다. 베르거는 데이브 맥기니스처럼 진심으로 두려운 시기도 겪었지만 목표를 달성하는 길에 두려움을 허용하지 않았다. 그저 계속 나아갈 뿐이었다.

등산할 때는 두려움이 그다지 끼어들지 않았어요. 그렇다고 두렵지 않았다는 뜻은 아니고, 스스로 못 보게 숨겼던 것 같아요. 저는 오랫동안 처음에 길든 대로, 무의식적으로 남의 시선을 의식하고 눈에 띄지 않길 바랐어요. 자의식이랄 게 없었죠. 스스로 쑥스러움을 많이 탄다고 생각했는데, 그게 내 마음의 상태일 뿐 내 정체성은 아니라는 걸 깨닫지 못했어요. 돌이켜 생각하면서 지금도 이런 질문을 합니다. '어떻게 자신의 진정한 위대함을 못 느낄 수 있을까?' 궁극적으로 그게 인생의 전부예요.

산에서는 예상 못 하는 상황이 생길 수밖에 없어요. 그럴 때 떠올려야 할 질문은 '지금 어떻게 할까?'뿐입니다. 항상 다음 상황을 생각해야지 비참함을 곱씹으면 안 돼요. 그럴 때가 아니니까요. 아무 소용 없습니다. 다른 여러 상황도 마찬가지지만, 특히 산에서는 이런 강한 성격 때문에 인간관계에 얽힌 상황을 회피했던 것 같아요. 지금도 제 성향은 투쟁 아니면 도피예요. 필요하다면 맞대응해서 어떻게든 제가 한 말을 지킵니다. 거울에 대고 한 말이라고 해도요.

살아가는 방식을 정의하라

태도와 행동, 약속. 베르거가 털어놓는 인생의 우여곡절과 역경, 승리를 들어보면 이런 자질이 빛을 발한다. 이런 성격 덕분에 베르거는 고난을 이겨내고 부상할 수 있었다. 또한 생각을 실체로, 아이디어를 기록과 상record-setting awards으로 바꾸는 힘이 되기도 했다.

하지만 다른 기업가들처럼 베르거에게 성공에서 중요한 건 단순히 성취나 타이틀이 아니었다. 성공을 정의하는 건 그가 살아가는 방식이었다.

단순하게 말해서 성공은 몸이 건강하고, 삶과 주변 사람들을 사랑하고, 세상에 즐겁게 기여하는 겁니다. 그러려면 사랑하는 일을 할 자유와 이 자유를 뒷받침할 충분한 돈이 필요하죠.

개인적으로도, 일에서도 성공을 거뒀으니 베르거의 버킷리스트에는 목표가 그리 많이 남지 않았을 거라고 짐작하기 쉽다. 하지만 이 완벽한 실천가이자 성취가는 끊임없이 수평선을 확장한다. 베르거의 다음 목표는 국제 평화 기구를 창립하는 것이다. 베르거는 궁극적으로 자신이 세운 기록보다 더 위대한 존재로 기억되길 바란다. 그는 세상에 변화를 일으키고 싶어 한다.

생각의 세계적 변화를 일으키고, 모든 갈등을 기꺼이 포용하여 선의와 협력으로 해결하는 사람으로 기억되고 싶어요. 경쟁을 우선시하고 종교적 차이를 살인 면허로 사용하고, 막대한 군비 지출로 빈곤이 심해지고, 발전이라는 명목으로 환경을 파괴하며 서로 먹고 먹히는 세상에 살면서 행복해지고 미래가 번영하길 기대할 수는 없으니까요.

미래 기업가와 모험가들을 위해 조언을 부탁하자 베르거는 어떤 분야에서도 누구나 크고 작게 성공할 수 있지만, 가족과 친구, 기업, 사회, 그리고 국가 간 상호 의존이 필요하다고 강조했다. 달리 말하면 살면서 어떤 산에 오르든 중간에 내려가서 다른 사람을 도와야 하는 순간이 온다는 뜻이다. 꼭대기까지 올라가려면 다른 사람의 정신적, 물리적 도움이 필요할 때가 올 것이다.

긍정적인 태도를 유지하고 그 태도를 외부로 확대하면, 다음 단계를 어떻게 밟는지는 중요하지 않다. 중요한 것은 한 번에 한 걸음씩 계속 내디디는 것이다.

운명을 바꾸는 🔑 생각의 비밀

1. 자신이 한 말을 진정으로 지키려고 할 때 인생이 바뀐다.

2. 역경을 마주했을 때, 중립적으로 볼지 부정적으로 볼지는 자신의 선택이다.

3. 문제가 발생했을 때는 '지금 어떻게 할까?'만 생각하라.

장애물을 정복하라

Thoughts Are Things

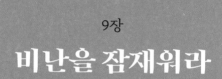

9장

비난을 잠재워라

BOB PROCTOR

다른 사람의 생각이나 행동, 말에 신경 쓰지 말고
비난받을 두려움을 잠재워라.

– 나폴레온 힐

두려움이라는 단어는 세 글자에 불과하지만 비즈니스
에는 치명적인 영향을 미친다. 하지만 적당한 두려움은 건
전하게 작용한다. 허술한 아이디어에 많은 돈을 낭비하는
것을 방지하기 때문이다. 또한 이유와 목적, 계획을 더 자세
히 검토하고 뒷받침해서 위험을 감수할 의지가 있는지 판
단할 수 있다. 적절한 두려움은 실제로 더 나은 결정을 하게
도와준다.
　하지만 꿈과 목표를 달성하려고 미지의 영역에 발을 들

이고 알려지지 않은 분야를 개척하는 사람들에게는 어떤 영향을 줄까?

1940년대로 돌아가보자. 제2차 세계 대전이 뉴스를 도배하고 수백만 명이 군에 징발됐다. 맥도널드가 캘리포니아주 샌버너디노에 첫 지점을 열었다. 지프와 슈퍼맨도 이 무렵 데뷔했다. 모튼 솔트Morton Salt가 우리 주방에 진출했고 자동차에 합성 고무 타이어가 쓰이기 시작했다. 1944년에 마크 원Mark I 컴퓨터가 발명됐고 뒤이어 1946년에 최초의 전자 디지털 컴퓨터가 등장했다. 물리학자 해럴드 라이언스Harold Lyons가 세계 최초의 원자시계를 제작했다. 모두가 슬링키(스프링 모양 장난감)를 즐겨 갖고 놀았고 실리 퍼티(실리콘으로 만든 장난감, 지금의 슬라임과 비슷하다)에 푹 빠졌다.

이 시기에는 페니실린이 치료제로 등장하면서 의학 분야에서도 역사적인 길이 열렸다. 이 사건을 계기로 많은 이가 영감을 받아서 비전통적인 의료 방식과 커리어를 추구했고 놀라운 성과를 거뒀다. 그 길을 닦은 선구자는 글래디스 테일러 맥게리Gladys Taylor McGarey 박사였다.

맥게리 박사는 60년 이상 의료계에 종사했다. 미국에서 최초로 침술을 선보인 의사였으며 자연분만 방식을 개척했고, 전 세계에서 전체 의학의 어머니로 명성을 쌓았다. 오늘날 맥게리 박사는 전미 의학 협회American Holistic Medical Association를 비롯하여 초심리학 및 의학 아카데미Academy of Parapsychology and Medicine의 공동 창립자이다. 역사적으로 중요한 의미가 있는 맥게리 박사의 성공 신화를 소개하겠다.

방법은 나타나기 마련이다

여성이 의료계에 진출하는 건 1940년대에는 극도로 드문 일이었지만 맥게리 박사는 어릴 때부터 의사가 되고 싶어 했다. 그러나 당시 여성의 역할은 대부분 주부이자 어머니였다. 집 밖에서 일하는 여성은 별로 없었고, 사회에서 남성의 몫으로 간주하는 비전통적인 분야를 모험하는 사람은 훨씬 적었다. 맥게리 박사가 꿈을 이루려면 미지의 영역으로 들어가야만 했다.

그 과정에서 틀림없이 나타났을 장애물을 맥게리 박사는 어떻게 극복했을까? 그녀의 마음에 무엇이 떠올랐고, 의료계가 기꺼이 여성을 받아들이지 않았던 시기에 아무도 밟지 않은 길을 갈 때 무엇이 동기를 부여했을까? 맥게리 박사의 남다른 사연에는 지금도 우리가 영감을 얻을 수 있는 교훈이 담겨 있다.

저는 두 살 때부터 의사가 되고 싶었어요. 굳이 결심할 필요도 없는 일이었죠. 어떻게 실현할지 결정하고 끈기 있게 계속하면 되는 거였습니다. 앞으로 의사가 된다는 걸 알고 있으니 장애물을 직면할 힘이 생겼어요. 짜증이 나거나 걸림돌이 생길 때도 있었지만 절대 정지 신호로 받아들이지 않았어요. 심각한 난독증이 있었기 때문에 제게 역경이란 오히려 내부적인 문제였어요. 외부에서 오는 방해물은 마주쳤을 때 처리하면 그만이죠. 문제가 생길 때 어떻게 대응하고 최대한 효과적으로 처리할지 배우면 됐어요.

맥게리 박사는 자신감이 충만했고 자기 삶의 목적을 굳

게 믿었다. 그런 그녀가 직면한 가장 큰 두려움은 비난이었을 것이다. 어쨌든 여성으로서 남성이 지배하는 분야에 진출했기 때문이다. 나폴레온 힐에 따르면 비난에 대한 두려움은 '가난에 대한 두려움만큼 보편적이며 개인의 성취에 치명적인 영향을 준다. 이런 두려움은 결단력을 훼손하고 상상력을 꺾기 때문이다.' 이를 극복하려면 두려움보다 동기가 더 커야 한다. 두려움과 동기는 둘 다 아주 강력한 감정이며, 우리를 앞으로 나아가게 하거나 저해할 수 있다.

맥게리 박사에게는 동기가 모든 것을 이기는 힘이었다. 그 결과 계속 목표를 향해 나아가고 비난과 반감, 의심의 목소리를 흘려보낼 수 있었다.

몸과 마음을 연결하라

하지만 맥게리 박사는 곧 감정이 건강에 미치는 절대적인 영향을 인식했고, 감정적 수준에서 일어나는 일과 조화를 이루는 게 중요하다는 사실을 깨달았다.

"용서가 무척 중요합니다. 인생을 계속 살아가려면 나 자신과 타인을 용서해야 해요. 이 단어는 앞으로 무슨 일을 해야 할지 알려줍니다. 인생에서 어떤 교훈을 얻었든, 경험할 기회를 준 '그것'에 감사해야 합니다. 그러기까지 오랜 시간이 걸릴지도 모르고 끝내 목표를 완전히 달성하지 못할 수도 있지만, 분노에 사로잡히기보다는 그 길이 훨씬 건전하고 기분 좋아요. 항상 딱지를 뜯어야 하는 쓰라린 상처가 아니라 치유해서 흉터로 남기는 거죠."

맥게리 박사는 사랑의 반대는 분노가 아니라 무관심이라고 생각한다. "분노는 에너지고 가끔 아주 적절하게 작용해요. 하지만 분노가 분별력을 잃으면 증오로 바뀌고 걷잡을 수 없어집니다. 분노에 갇히면 병이 생기기도 하죠. 하지만 무관심은 모든 에너지의 움직임을 멈추고 삶의 흐름을 중단합니다. 무관심이 장악하면 좋은 일은 전혀 일어나지 않고, 성장 없이 썩어갈 뿐이에요. 빛이 사라지고 칠흑같이 깜깜해져요."

큰 성공을 거두고 국제적 명성을 쌓은 의사로서 맥게리 박사는 신체뿐만 아니라 정신과 영혼의 치유 효과를 목격했다. 건강에 관한 동서양의 관점을 통합하려는 그녀의 비전에는 다양한 측면이 존재한다.

예술과 과학을 혼합하고, 의학의 여성적인 측면(연민)을 되살리려고 해요. 생명력 혹은 영혼을 활성화해서 삶 자체에 치유의 힘을 부여하는 거죠. 삶의 주인이 되어서 우리가 병을 다룬다는 걸 이해해야 합니다. 우리 자체가 병이 아니에요. 장기적으로 치유하는 주체는 사랑입니다. 동양과 서양에서 나타나는 양상은 의학의 예술과 과학을 실천하는 다른 방식일 뿐이고, 기회가 있으면 자연스럽게 섞여들 거예요. 빛으로 나아가는 것처럼요.

맥게리 박사는 '93살의 노령이지만 복용하는 약이 없다'는 사실을 자랑스럽게 생각한다. 확실히 흔치 않은 일이다. 박사가 개척한 치료법과 방법론 덕분에 본인도 남다른 건강을 자랑하고 장수하고 있다. 맥게리 박사는 스스로 주도권을 잡고 자유를 받아들여서 자신에게 가장 좋은 선택을 하는 것을 가장 중요하게 생각한다.

비난을 잠재워라

언젠가 약을 받아서 쓸 수도 있겠죠. 약이 나름대로 역할을 하더라도, 제 몸에서 이대로 충분히 괜찮은 부분은 그대로 놔둘 겁니다. 약은 일종의 도우미라고 생각해요. 제 몸을 치료하는 건 저예요.

강력한 정신이 실제로 몸을 치유한다는 사실은 대단히 흥미롭게 다가오며, 힐 박사의 '생각은 실체다'라는 철학과도 완벽한 조화를 이룬다. 맥게리 박사는 생각의 긍정적인 힘을 자연 분만이나 질병 치료에 적용했지만, 행복이나 직업적 성공 같은 더 광범위한 문제에도 영향을 미칠 수 있다고 선뜻 인정한다.

생각은 살아 숨 쉬는 존재고, 다른 살아 있는 생각을 창조합니다. 그리고 자석과 같아서 비슷한 생각과 비슷한 사람을 끌어들여요. 우리가 곱씹는 생각이 다른 생각을 창조합니다. 우리의 이상은 뭐죠? 뭘 위해서 살아야 합니까? 무엇을 위해 병을 치료하고 싶나요? 저는 개인적으로 감사하는 마음으로 살고 싶어요.

다르게 표현하면 우리가 건강과 웰빙을 생각하면 인생의 모든 측면에 건강과 웰빙이 창조된다는 뜻이다. 원하는 바를 곱씹어 생각하면 거기 해당하는 실체가 생겨난다. 『생각하라 그리고 부자가 되어라』에서도 같은 개념을 소개했고, 이런 원칙은 비즈니스와 성공, 행복은 물론이고 맥게리 박사가 평생 일군 업적이 증명하듯이 우리 건강에도 적용할 수 있다.

모두가 반대해도 고집해야 할 때

인간의 마음은 위대한 그릇이다. 생각을 창조할 뿐 아니라 영감을 주거나 동기를 부여해서 이를 추구하게 도와준다. 우리가 생각에 집중하고 변화를 허용한다면, 사실상 인생 전체의 성과를 바꿀 능력을 보여준다.

그렇다면 그 힘을 어떻게 바깥으로 퍼뜨릴 수 있을까? 맥게리 박사는 어떻게 의사로서 자신의 기술이 가치 있고 도움이 될 거라고 환자들에게 확신을 주는 걸까? 환자들의 믿음이 자신과 다를 때도 있지 않을까?

어떤 아이디어가 있을 때 다른 이가 어떻게 생각할지 모르면, 그냥 생각을 내보이고 상대가 이해하는지, 거부하는지, 혹은 무시하는지 지켜보고 그 반응에 대응하면 돼요. 저는 중요한 개념이라고 생각하지만 사람들이 받아들이지 않으면 몇 번이고 계속 언급하죠. 원래 자기 아이디어였다고 생각할 때까지요. 그럼 임무 완료예요. 대부분 논쟁은 별로 효과가 없습니다. 관점을 바꾸면 효과가 클 때도 많지만, 그 아이디어가 중요할 때는 포기하지 않아요.

여기서 교훈은 무엇일까? 어떤 아이디어에 누구나 동의하지 않더라도 추구할 가치가 없다는 뜻은 아니다. 중요한 개념은 필요하다면 여러 번 고집해야 한다.

맥게리 박사는 이 원칙을 적용해서 비난을 두려워하지 않고 의료계의 선구적인 인물로 자리 잡았다. 사람들이 정신으로 몸을 치유하게 도울 때 가르치는 원칙이기도 하다.

그 결과 그녀는 역사를 창조했고 수많은 사람의 삶에 긍정적인 영향을 미쳤다.

당신의 생각은 살아 있고, 당신뿐만 아니라 셀 수 없이 많은 이의 삶을 바꿀 수 있다. 당신은 어릴 때부터 생각을 키우고, 생각에 해를 입히거나 파괴할 수 있는 외부의 힘으로부터 보호하며, 생각을 성숙시켜서 그 자체의 아름다운 생명력을 갖게 해야 한다.

운명을 바꾸는 🔑 생각의 비밀

1. 비난을 극복하기 위해서는 동기가 커야 한다. 동기는 모든 것을 이기는 힘이다.
2. 용서하고 감사하라. 건강한 정신이 건강한 몸을 만든다.
3. 중요한 개념은 사람들이 받아들일 때까지 여러 번 고집하라.

Thoughts Are Things

10장

황금은
코앞에 존재한다

BOB PROCTOR

눈에 보이지 않고, 대부분은 존재하는 줄도 모르는
조용하지만 저항할 수 없는 힘이
싸우다가 좌절을 맞닥뜨린 이를 구하러 온다.

– 나폴레온 힐

글래디스 테일러 맥게리가 환자를 구하려고 의료계에 뛰어들었던 1940년대에는 제2차 세계 대전이 사람들의 목숨을 앗아갔다. 어떤 이는 전투에 나가서 살아남았다. 참전하지는 않았지만 생존을 위해 싸워야 했던 사람도 있다. 홀로코스트 희생자들에게는 전쟁의 상흔이 남았다. 그들은 몸도 마음도 큰 타격을 입었다. 강제 수용소에 있었던 사람들은 포로로 갇힌 현실을 견디기 위해 의지를 발휘해야 했다. 신념에 기반을 둔, 강인함으로 굳어진 의지였다.

오스카상을 수상한 스티븐 스필버그의 영화 「쉰들러 리스트」는 홀로코스트 포로들이 매일 경험했던 현실을 묘사한다. 그들의 생존 비화는 가장 잔혹한 상황에서도 생존자들이 잃지 않았던 강인함과 인내를 잘 보여준다. 잭 바임 Jack Beim도 생존자 중 하나였다. 바임의 조용한 거동에서는 품위와 위엄이 묻어나지만, 그의 이야기에서는 놀라운 용기와 힘이 드러난다.

희망으로 살아남다

바임은 어렸을 때 포로가 됐다. 바임에게 남아 있는 첫 기억은 '선발'이었다. 포로들을 나눠서 줄을 세우고 운명을 결정하는 작업이었다. 바임은 나이상 쓸모가 있다고 판단되어 일꾼으로 분류됐다. 하지만 아버지와 남동생은 다른 줄에 섰다. 바임의 아버지는 무슨 일이 일어날지 알고서 바임의 동생을 구하려고 다른 줄로 밀었다.

바임은 매일 녹초가 될 만큼 육체노동을 강요받았지만,

두 가지 덕분에 버텼다. 하나는 희망이었고 다른 하나는 동생이었다. 노역을 하기에는 너무 어리다 보니 동생은 계속 뒤처지기만 했다. 음식은 부족했고, 바임의 동생은 목숨과 건강을 걸고 형에게 줄 빵 조각을 숨기곤 했다. 가족 간의 끈끈한 정과 이타심 덕분에 바임은 암울한 시기에도 견딜 수 있었다.

강제 수용소에 있는 동안 바임은 자주 매를 맞았다. 매일같이 자행되는 살인을 목격하면서 그의 관찰력은 예리하게 발달했다. 그는 곧 총알이 어디에서 날아오고 무엇을 겨냥하는지 관찰하는 법을 배워 총알의 반대 방향으로 달릴 수 있게 되었다. 자유가 찾아올 조짐은 전혀 보이지 않았고 실낱같은 희망에 겨우 매달릴 뿐이었지만, 감금됐던 동안 끔찍한 환경과 경험에 고통받으면서도 희망을 품고 견뎠다. 그런 일이 어떻게 가능한지, 굶주림과 고통, 잔혹함을 어찌 견뎠는지 묻는 말에 그는 이렇게 대답했다. "희망요. 살아남는다면 기회가 있을 거라는 희망이죠."

탈출이 불가능하다는 건 다들 알고 있었다. 포로가 간수보다 많았지만 간수들은 철저히 무장한 상태였다. 총알이 놓치면 간수들의 개가 틀림없이 찾아낸다. 수용소에 갇힌 사람들에게 선택지는 단 하나였다. 수용소에 머무르고, 지시를 따르고, 자유가 찾아올 때까지 살 수 있기를 바라는 것이다. 아직 잡혀 들어오지 않은 사람에게 주어진 선택지도 분명했다. 감금이나 죽음을 피해 살아남을 유일한 방법은 숨는 것뿐이었다.

바임의 아내 아델이 그런 경우였다. 아델은 겨우 다섯 살에 '숨겨진 아이'가 됐다. 어느 날 아무런 예고 없이 아델은 아버지의 고객에게 보내졌다. 아델의 조부모가 집에서 끌려 나와서 트럭에 떠밀려 들어갔을 때, 아델의 아버지는 아델을 안전하게 지켜줄 가족에게 보냈다. 원래 두 달 정도만 맡길 계획이었지만 두 달은 3년으로 길어졌다. 교회에서는 아델의 형제를 다른 집에 보냈다.

수많은 유대인이 그랬듯이 이들은 숨어서 지내야 했다. 학교에 가지 못했을 뿐만 아니라 시내에 가거나 가족을 만날 수도 없었다. 가택 수색이 진행됐을 때 아델은 두려움에 떨면서 집에 있는 널판 사이에 숨었다. 나이는 어렸지만, 유대인이라는 사실이 발각되면 살해된다는 사실은 잘 알고 있었다.

부모님과 가족이 그리웠던 아델은 밤마다 울었다. 하지만 숨어 있을 때는 우는 소리를 내서는 안 되었다. 강제 수용소에 있는 포로들처럼, 살아남으려면 자기가 처한 상황을 받아들여야 한다는 것도 알았다.

충격적인 경험은 감정에 흉터를 남긴다. 아델이 사회와 가족, 학교에 돌아왔을 때 이 흉터가 드러났다. 전쟁이 끝나자 학교에 들어간 아델은 학교에서 유일한 유대인 아이였다. 부모님은 적응을 도와주려고 아델을 몬테소리 학제에 편입시켰지만 아델은 여전히 열등감을 느꼈다. 유대인이라는 이유로 다른 사람들이 자기를 싫어할까 봐 두려웠고, 소심하고 부끄러움이 많았다. 어린 시절의 환경을 생각하면 당연할지도 모른다. 이런 불안과 열등감이 합쳐지면 극복하기까지 오랜 시간이 걸린다. 다른 사람보다 열등하다는 느낌은 버거웠지만, 아델은 같은 감정으로 고통받는 이들이 더 강해지고 자신을 사랑할 수 있게 상담해 줬다.

수십 년이 지나서 아델은 충격적 경험이 사람을 강인하게 단련한다는 사실을 깨달았고 덕분에 가진 것에 감사할 수 있었다. 오랜 세월 아델과 그녀의 남편은 자녀들에게도 자신들이 어떻게 살아남았는지 이야기했다. 자녀들이 더 행복한 삶을 사는 게 그들의 목표였고, 그 목표는 이뤄졌다.

홀로코스트 생존자들은 모두 희망이라는 교훈을 남겼다. 끝이 보이지 않았고, 포로 생활이 끝나는 날짜가 달력에 표시된 것도 아니었다. 해방은 불확실하고, 그저 희망만 존재했을 뿐이다. 그 희망이 한 시간을, 더 나아가 하루를, 그리고 일주일, 한 달, 일 년을 버티게 했다.

포기하고 싶다면 성공이 코앞이라는 뜻이다

바임과 아델의 어린 시절처럼 상상조차 힘든 시련을 견뎌야 하는 사람은 무척 드물다. 하지만 우리 모두 패배를 맞이하는 힘겨운 시기를 거쳐야 하고, 깊이 파고들어서 내면의 힘을 찾아야 한다. 힘들 때는 희망을 잃기 쉽다. 성공이 확실하지 않으면 눈앞에 닥친 역경 너머가 보이지 않고, 목표와 꿈이 실제로 존재할 가능성을 상상하지도 못한다.

많은 이가 성공을 경험하지 못하는 이유는 한마디로 너무 빨리 포기하기 때문이다. 사실 미래의 기업가들은 대부분 성공의 돌파구가 코앞에 닥쳤을 때 포기한다. 본인이 모를 뿐이다.

1849년 미국에서 역사적인 골드러시 붐이 일었을 때 예비 광부 수천 명이 땅 밑에 묻힌 풍성한 금을 차지하려고 샌프란시스코에 몰려들었다. 나중에 캘리포니아주가 된 곳이다. 노력할 가치가 있는 일이 대부분 그렇듯, 성공은 확실하지 않았고 힘겨운 노력과 인내를 요구했다. '49년족'이라고 불리는 이들은 채굴이 쉽지 않다는 사실을 깨달았다. 채굴은 지루하고, 힘들고, 위험했다. 이들은 곡괭이와 삽을 들고 새벽부터 황혼까지 캘리포니아의 뜨거운 태양 아래에서 땅을 팠다. 의욕과 동기를 주는 건 희망뿐이었다.

시간이 걸린다는 건 누구나 알고 있었다. 아무도 첫 시도에 금이 나올 거라고 생각하지는 않았다. 하지만 몇 달, 혹은 그 이상 고군분투할 준비가 된 사람은 거의 없었다. 1센티미터씩 땅을 파고들어가는 작업은 혹독했고 보상도 전무했다. 결국 광부들은 헛된 노력을 포기하고 더 나은 가능성을 찾아서 새로운 장소로 옮기거나 아예 그만둬버렸다.

그래서 금광은 '하면 실패하는' 일이라는 악명을 얻었다. 시도하고 실패하고, 시도하고 실패하고, 또 시도하고 실패하는 일이 반복되었다. 여기서 결국 성공한 건 필요한 만큼 몇 번이고 기꺼이 실패하는 사람들이었다. 실패했을 때 짐을 싼 사람들은 빈손으로 떠났고 꿈은 산산이 조각났다. 조금만 더 했다면 성공할 수 있었다는 걸 아는 이는 거의 없었다. 지금까지 그토록 찾아 헤맸던 보상인 황금은 겨우 몇십 센티미터 앞에 존재했다. 그들은 지금 이 순간 너머의 성공을 보지 못했다. 그래서 희망을 잃어버렸다.

바임은 강제 수용소에서 희망 덕분에 살아남을 수 있었다고 했다. 광부들에게도 기회가 있었지만 희망을 버리지 않아야 가능한 기회였다. 당신의 노력에도 같은 원칙이 적용된다. 불가능해 보이는 바로 그 순간에 계속 이어가려는 내면의 의지와 힘, 용기를 찾아야 한다. 그럴 때 그 어느 때보다 성공은 가까이에 있다.

자유가 눈앞에 보이지 않는다고 해서 실현되지 않는다

밥 프록터 생각의 시크릿

는 뜻은 아니다. 아직 금을 발견하지 못했다고 해서 거기 금이 없다는 뜻도 아니다. 조금만 더 파고들면 발견할 것이다. 하지만 먼저 계속 시도할 힘부터 길러야 한다. 기회는 존재하지만, 꿈이 살아 있을 때만 잡을 수 있다.

역경과 장애물을 극복할 정신적, 감정적 힘은 성공의 전제 조건이다. 역경과 장애물은 항상 존재한다. 결국 고난 자체보다 고난을 극복하는 힘이 성공에 더 큰 영향을 미친다. 의심과 실망을 인내와 용기로 대체하면 생각과 아이디어, 목표를 실체로 바꿀 방법을 찾을 수 있다.

힐 박사는 이렇게 말했다. '명확한 목적과 끈기, 타오르는 열망이 생각과 혼합되면 강력한 힘을 발휘한다.'

운명을 바꾸는 🔑 생각의 비밀

1. 희망은 가장 어려운 상황 속에서 유일한 동기가 된다.
2. 포기하고 싶은 바로 그 순간, 성공이 가장 가까이 있다.

Thoughts Are Things

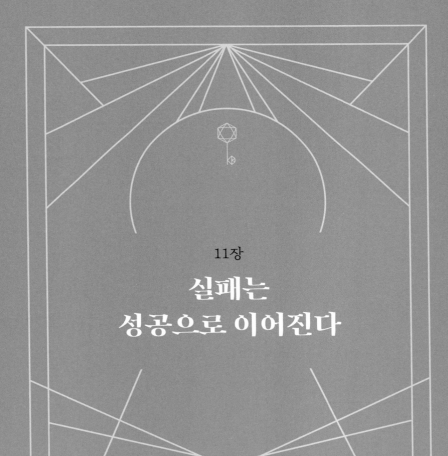

11장

실패는
성공으로 이어진다

BOB PROCTOR

기회는 불행이나 일시적인 패배로
위장하여 나타날 때가 많다.

- 나폴레온 힐

실패에 대한 두려움은 실체로 나타날 수 있다. 어쨌든 생각은 실체가 되는 법이다. 다른 사람의 회의적인 태도 때문에, 혹은 힘들게 고생하느라 생겨난 두려움은 상당히 현실적이라서 많은 이를 포기하게 한다. 누군가는 아예 시도하지 않고, 또 누군가는 지나치게 성급하게 포기한다. 이들은 아이디어의 원동력이던 처음의 희망과 동기를 잃어버리고 실패할 기미가 보이면 단념한다.

하지만 실패에 대한 두려움은 생각에 불과하고, 제일 중

실패는 성공으로 이어진다

요한 생각은 아니라는 사실을 기억해야 한다. 무엇보다 중요한 건 그 생각에 따른 행동과 생각을 바라보는 관점이다. 생각보다 생각의 산물이 더 큰 영향력을 발휘한다. 예를 들어 실패를 두려워하는 마음이 장애물을 극복하겠다는 열망을 일으키면, 그 사람은 더 열심히 노력하고 난관을 극복할 것이다. 반면 실패할 가능성 때문에 심한 두려움이 생기면 행동 자체가 두려워지고 결국 실패할 수밖에 없다.

이번 장에서는 실패할 가능성이 오히려 성공에 긍정적인 요소로 어떻게 작용할 수 있는지 탐색하고, 두려움을 색다른 관점으로 살펴볼 것이다. 나폴레온 힐이 인터뷰했던 인물들을 포함해서 역사상 가장 위대한 기업가들이 이 원칙을 증명했다. 이제 역사를 들여다보면서 다시 그들을 만나보자.

위대한 인물들은 모두 실패했다

위대한 헨리 포드에게도 실패는 낯설지 않다. 포드 모

터 컴퍼니Ford Motor Company를 설립하기 전에 시도한 초기 사업은 모두 실패했고 파산으로 이어졌다. 역사상 가장 위대한 화가였던 빈센트 반 고흐는 평생 그림을 한 점 판매했다. 단 한 점이었다. 토머스 에디슨도 빼놓을 수 없다. 전구를 제작하기까지 수천 번이나 실패했기 때문이다. 에디슨은 실패가 나쁘지만은 않다는 사실을 완벽하게 이해했다. 실패한 시도는 성공을 향한 긍정적 단계로 인식했고, 이런 생각은 에디슨의 다음 명언에 잘 반영되어 있다. "전 실패한 게 아닙니다. 효과가 없는 만 가지 방법을 찾아냈을 뿐이에요."

방금 소개한 실패 사례는 위대한 기업가들에겐 극히 일부에 불과하다. 커널 샌더스Colonel Sanders의 켄터키 프라이드 치킨 조리법은 1009번 거절당한 끝에 한 식당에서 통과했다. R. H. 메이시R. H. Macy는 메이시스 백화점이 최초로 뉴욕에서 성공하기 전에 일곱 번의 사업 실패를 겪었다. 월트 디즈니는 상상력이 부족하고 아이디어가 별로라는 말을 들었고, 여러 차례 사업에 실패해 끝내 파산을 신청했다. 디즈니가 성공한 이후에도 누가 쥐 만화를 보려고 돈을 내겠

냐는 회의적인 반응과 비판에 시달려야 했다. 오늘날 미키 마우스는 만인의 사랑을 받으며 작가보다 더 오래 살아남 았고, 디즈니랜드와 영화, 책은 수십억 달러의 수익을 창출 한다.

현대의 실패 사례도 둘러보자. 베스트셀러 소설가 스티 븐 킹은 첫 소설을 30번 거절당했다. 그 소설 『캐리』는 결 국 초대형 베스트셀러에 등극했고 영화로도 제작됐다. 소 니의 첫 제품인 전기밥솥은 빌 게이츠의 첫 회사 트래프- 오-데이터Traf-O-Data처럼 완전히 망했다.

이런 기업가들의 공통점은 무엇일까? 이들은 연이어 거 절당하고 여러 번 실패해도 포기하지 않았다. 에디슨처럼 소위 말하는 실패가 궁극적으로는 성공에 가까워지는 과정 이라는 사실을 이해하고 있었던 것이다.

나는 이렇게 크게 성공한 기업가들의 사고방식에 큰 흥 미를 느꼈고, 기업가가 되려는 사람들이 처음으로 성공을 추구할 때 실패할 가능성이 어떤 영향을 미치는지 알고 싶 었다. 그리고 타일Tile의 공동 발명가 닉 에번스Nick Evans를 만났다.

실리콘밸리에서 '실패'의 의미

　타일은 잃어버린 물건을 찾을 수 있게 도와주는 장치다. 타일을 물건에 부착하고, 휴대폰을 켜고 찾으면 된다. 이 장치의 장점은 다른 휴대폰에도 기술을 적용해서 적극적으로 물건을 찾는 사람의 범위와 수를 확장하는 데 있다. 누군가 자전거에 타일을 붙였는데 갑자기 잃어버렸다면, 스마트폰에서 관련 앱을 열고 자전거를 잃어버렸다는 버튼을 누른다. 그때부터 온 세상 타일 사용자의 스마트폰은 자전거를 찾기 시작한다. 기술 자체가 완전히 새로운 것은 아니었지만 에번스는 제품의 크기와 가격, 배터리 소모량을 조정해 더 많은 사람이 쓰게 할 기회를 포착했다.

　사업을 시작할 때 금융 투자가들을 모집했지만 다른 자원도 활용했다. 바로 크라우드 펀딩이다. 이들은 마케팅 자료로 홍보를 진행했고 커다란 관심을 일으켰다. 게다가 확정 주문을 확보하는 한편, 제품의 경제성을 파악하여 생산하기 전부터 광고를 미리 사두었다. 그만큼 철저히 준비했다는 뜻이다. 나는 에번스에게 실패를 어떻게 정의하는지,

실패가 경험에 어떤 영향을 미쳤는지 질문했다.

대답하기 어려운 질문이네요. 각자 관점에 따라 다르거든요. 실리콘밸리 전체에서 저마다 실패를 다르게 해석합니다. 사람들은 실패를 어느 정도 받아들이면서 실패가 성공으로 가는 길이라는 걸 이해하고 있어요.

대단히 흥미로운 개념이다. 실리콘밸리는 혁신과 끊임없는 발명, 기술 변화에 의존하는 곳이다. 실패가 없으면 발명도 이뤄지지 않는다. 수많은 신제품과 기술을 개발하고 론칭하는 과정에서 어느 정도의 실패는 불가피하다. 따라서 실패를 받아들이고 궁극적인 성공에 꼭 필요한 요소라고 생각하는 마음가짐이 필요하다. 이런 환경에서 실패는 두려워할 대상이 아니라 혁신에 긍정적인 역할을 하는 요소가 된다.

나폴레온 힐은 '강인함과 성장은 끊임없는 노력과 투쟁으로만 가능하다'라고 했다. 그래도 선택할 수 있을 때 혁신가들은 대부분 당연히 실패보다는 성공을 선호한다. 우리는 계속 이어지는 매끄러운 길, 장벽이나 우회로가 없는 길을 원한다. 하지만 현실에서 길을 가다 보면 차질과 장애물이 나타나기 마련이다. 목표를 추구하다 보면 난관에 부딪힌다는 사실을 알면서, 어떻게 의욕이 꺾이거나 환상이 깨지지 않은 채 계속 열정적으로 나아갈 수 있을까? 에번스는 이렇게 조언한다.

실패를 통해 배우고 다시 시도하세요. 물론 쉽지 않을 때도 있을 거예요. 외부에서 오는 압력 때문에, 스스로 실패를 생각하기 때문에 특히 더 힘들어요. 뭔가 하겠다고 다른 사람에게 말했다가 실패할까 봐 부끄러운 사람은 자연스럽게 노력을 그만두고 행동에 나서지도 않을 확률이 높습니다. 좀 더 보수적으로 평범한 직업을 가져야겠다고 생각할 수도 있고요.

모든 사람이 당신의 생각에 동의하고 당신의 아이디어가 믿을 만하다고 생각하지는 않을 것이다. 사람들은 에번스와 에번스의 파트너가 미쳤다고 생각했고 에번스도 그

실패는 성공으로 이어진다

사실을 알았지만, 두 사람은 그들이 틀렸다는 걸 증명했다. "진정으로 자신을 믿어야 합니다. 실패해도 괜찮다는 사실을 이해해야 해요."

타일의 창립자들은 시장에서 기존 아이디어를 개선하고 실현할 수 있는 새로운 기회를 포착하여 더 큰 시장에 접근했다. 공유 검색 기술을 추가하여 앱에 새로운 요소를 만들어냈고, 다른 앱으로 확대할 수 있었다. 다시 말해서 그들이 발명한 제품을 다른 이들이 자기 제품에서 활용한다는 뜻이다. 그러면 또 다른 두려움이 생긴다. 우리 아이디어를 공개하면 누군가 훔치거나, 차용하거나, 복제할지도 모른다는 두려움이다. 그럴 가능성도 존재하지만, 우리의 기업가는 이런 일이 비전을 가로막는 게 아니라 동기를 부여한다고 말한다. "사람들이 당신을 따라하기 시작하면, 제대로 하고 있다는 증거예요."

타일은 창립자들이 경영 경험이 전혀 없다시피한데도 놀라운 성공을 누리는 신제품이다. 이들은 어떤 장애물과 마주칠지 몰라서 두려움 요인fear factor도 극도로 낮았다. 기술은 새롭지 않았지만, 이들은 두려움이 들어갈 자리를 비전과 강한 신념으로 채웠다.

이 두 사람은 예외가 아니다. 다른 사람들도 기존 제품이나 서비스를 기반으로 성공을 이뤘다. 자기 비전을 믿은 결과였다. 본인과 아이디어에 대한 자신감이 이들의 성공을 이끌어냈다. 이들에게 자신감이 없었다면, 아이디어가 지나치게 위험하다며 본업을 그만두지 말라고 선의로 충고하는 주위 목소리에 귀를 기울였을지도 모른다.

실패를 성공으로 바꾸는 3가지 질문

NFL 슈퍼볼 선수 저코비 존스Jacoby Jones와 토머스 스미스Thomas Smith는 단 한 군데의 대학에도 선발되지 않았다. 이들이 잡은 '기회'는 예비 선수 자리였다. 두 사람은 자신의 가능성을 믿었기에 기꺼이 모험을 받아들였다. 이런 사람들이 결국 아이디어를 실체로 바꾼다. 이들은 얼마든지 위험을 감수하고 거부당하더라도 정면으로 마주하며, 그 거부를 넘어 밀어붙인다.

실패는 성공으로 이어진다

성공을 이루는 과정에서 두려움이 생기는 것은 자연스럽다. 이를 극복하려면 의식적으로 두려움의 존재와 목표에 미치는 영향을 인식해야 한다. 무엇보다 두려움을 긍정적인 신호로 바라보고 실패를 기회로 전환해야 한다. 앞으로 두려움이 비전을 가로막는다면 다음 질문을 던져보자.

1. 나는 무엇이 두려운가?

비평이나 거절, 실패가 두려운가? 두려움의 근원을 이해하면 거부와 비난, 실패에 대처할 수 있을 것이다.

2. 일어날 수 있는 최악의 상황은 무엇인가?

당신의 두려움은 가상이다. 실제로 나타나더라도 상상으로 실제보다 크게 보이기 쉽다.

3. 두려움을 어떻게 유익하게 활용할 수 있을까?

두려움은 긍정적으로 활용할 수 있다. 당신이 하는 일이 정말 대단한 일이라는 신호로 보면 된다. 두려움이 목표에 동기를 부여하게 하자.

목표를 추구하다가 실제로 실패를 경험한다면 어떻게 해야 할까? 그런 사람은 한둘이 아니었다. 당신에겐 멋진 동료가 함께한다. 역사상 최고의 생각 리더와 기업가도 실패한 경험이 있다. 이들이 돋보이는 이유는 실패할 때마다 앞으로 성공에 어떻게 적용할지 배웠기 때문이다. 장애물에 맞닥뜨리거나 실패할 때 이렇게 질문해 보자.

1. 무엇을 잘못했는가?

효과가 없었던 요소를 정의하면 효과 있는 요소에 성큼 다가갈 수 있다. 실패해서 오히려 다행인 경우도 있다.

2. 과정을 어떻게 바로잡고 가야 목표를 달성할 수 있을까?

전문 조종사에게서 교훈을 얻어라. 조종사는 난기류에 맞닥뜨리면 방향을 바꾸지 않는다. 선장은 폭풍우가 부는 바다를 항해할 때 항로를 유지한다. 이런 상황은 일시적이므로 계속 목적지에 집중해야 한다. 방향을 바꾸거나 배를 버릴 수는 없다.

실패는 성공으로 이어진다

3. 이 경험을 어떻게 긍정적으로 활용할 수 있을까?

종종 장애물과 실패는 답과 해결책을 가져다준다. 이 난관을 극복하려면 어디로 가야 하고 무엇을 해야 하는지 알려주곤 한다. 당신이 추구하는 성공에 도움이 된다는 사실을 깨닫고 동기를 부여하라. 그 경험에 존재하는 기회를 찾아서 긍정적으로 전환하면 아이디어를 실체화하는 과정에 그 어느 때보다 의욕과 영감이 생길 것이다. 실체화는 가능할 뿐만 아니라 꼭 해야 한다.

1. 아무런 실패 없이 성공하는 사람은 없다. 실패는 성공으로 가
   는 길이다.
2. 성공을 이루는 과정에서 두려움은 자연스러운 현상이다.
3. 실패에서 해결책을 얻어라.

Thoughts Are Things

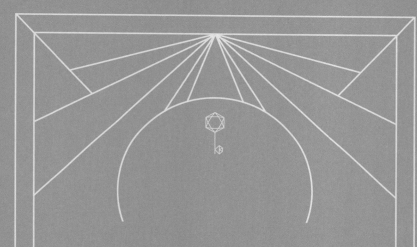

12장

R.I.C.H.로 주도하라

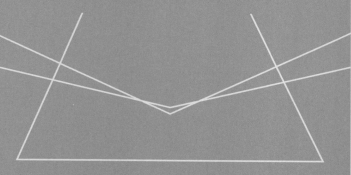

BOB PROCTOR

다른 사람의 성공을 도우면
더 빠르고 대단하게 성공할 수 있다.

– 나폴레온 힐

가끔 인생에서 가장 큰 기회는 전혀 생각지도 못한 순간
에 찾아온다. 우리는 그럴 때 선택할 수 있다. 두려움과 불
확실성에 빠져들고, 스스로 의심하고 다른 사람의 방해에
굴복할 것인지, 혹은 역경에 대처하고 곧바로 운명을 받아
들이며 투입할 수 있는 자원을 모을 것인지.

　디나 드와이어 오언스Dina Dwyer-Owens의 아버지는 그녀
가 서른다섯이던 해에 사망했고, 그가 설립한 서비스 기업
드와이어 그룹Dwyer Group은 대표 없이 덩그러니 남았다. 사

람들은 오언스에게 아버지의 자리를 채워달라고 요청했지만, 모든 조직 구성원이 만장일치로 그녀를 지지한 건 아니었다. 오언스는 주변에서 그녀가 실패할 거라고 생각한다는 걸 알고 있었다. 실제로 그런 말을 듣기도 했다. 경험과 산업 지식이 부족하다는 비난을 받았기 때문에 신뢰를 얻고 확신을 심어주려면 빨리 능력을 증명해야 했다.

그래서 오언스는 경험이 부족하다는 데 동의하면서도 6개월의 기간을 주면 이 일을 잘할 수 있다는 사실을 증명하겠다고 이야기했다. 그녀는 경영자로서 경험이 없을지는 몰라도 고객으로서 고객들이 뭘 원하는지는 잘 알고 있었다. 이것이 오언스가 기여한 지식이었고, 결국 회사에 엄청난 성장을 가져왔다.

오늘날 35년이 넘는 경험을 쌓으며 경이로운 성공을 연이어 달성한 오언스는 여전히 CEO이자 회장으로 재직하면서 16개국이 넘는 나라에서 프랜차이즈 브랜드 7개를 관리하고 있다. 2012년 북미 남서부 지역에서 '언스트 앤 영 올해의 기업가Ernst and Young Entrepreneur of the Year'에 선정됐고 미국의 리얼 예능 프로그램「언더커버 보스: 대단한 보

스들Undercover Boss: Epic Bosses」의 첫 특별 에피소드에 출연
하기도 했다.

넘겨받은 기업의 근본 가치와 자신만의 개인적인 가치,
항상 개선할 여지가 있다는 확신이 놀라운 성공을 달성하
는 기반을 형성한 것이다.

비즈니스에서 수익성만큼 중요한 것

오언스는 늘 수익성 있는 비즈니스를 구축하고 유지하
는 것을 중요한 목표로 삼았지만(남다른 능력으로 목표 이상을 달
성했다) 이것이 유일한 목표는 아니었다. 다른 사람의 삶에
의미 있는 영향을 미치는 것도 똑같이 중요하게 여겼다. 특
히 드와이어 그룹의 프랜차이즈 소유주들이 성공할 수 있
게 지원하려 했다.

오언스가 이 목표에 헌신한 건 아버지가 회사를 설립할
때 세운 비전과 세상에 남긴 유산이 자연스럽게 연장된 결
과다. 드와이어 그룹은 드와이어의 비즈니스 신념에서 나

온 가치를 원칙으로 삼고 있다. 드와이어는 매일같이 이 원칙을 실현하고 직원들이 스스로 책임지고 책임을 공유하길 바랐다. 이 원칙은 내부적으로 'R.I.C.H.로 주도하라'로 통한다. R.I.C.H.는 머리글자로 존중respect, 진정성integrity, 고객 중심customer focus, 과정 즐기기having fun in the process를 뜻하며, 회사의 정체성과 브랜드를 구축하는 핵심 원칙으로 자리 잡았다.

그리고 오언스가 「언더커버 보스」에 출연하면서 이 원칙의 효과는 뜨거운 이슈로 떠올랐다. 이 프로그램에서 오언스의 임무는 드와이어 그룹의 프랜차이즈 회사에서 직원으로 근무하면서 자신과 아버지가 세운 가치가 실제로 현장 직원들에게 와닿았는지, 고객 경험을 개선하는 데 도움이 되는지 알아보는 것이었다.

이런 프로그램에 출연하다 보면 경영자는 비즈니스의 부정적 측면에 노출되기 쉽지만, 오언스는 무엇이 효과가 있는지 확인하고 효과가 없으면 개선할 기회로 받아들였다. 이런 관찰을 통해 드와이어 그룹의 브랜드를 강화하고 끊임없는 생명력을 불어넣을 수 있었다.

성공하는 사람은 긍정적으로 생각한다

긍정은 오언스의 성공에서 중요한 요소로 작용했다. 그녀가 정의하는 생각의 산물은 '긍정적인 사고의 힘'이며, 리더로서 긍정적인 마음가짐과 업무 환경을 창조하고 유지하는 것을 중요하게 생각한다. 오언스는 경험상 이런 환경이 수많은 효과를 창출한다고 한다.

◆ 부정적인 환경보다 긍정적인 환경에서 높은 성과가 발생한다.

◆ 긍정적인 태도로 일하면 판매량이 상승한다.

◆ 긍정적인 사람은 회복력이 높고, 상대적으로 능숙하게 난관을 극복하고 해결책을 찾아낸다.

◆ 긍정적인 사람은 스트레스가 적고 부담감 속에서도 더 훌륭한 결정을 한다.

◆ 긍정적인 사람은 눈앞에 닥친 문제를 넘어서서 볼 수 있다. 시각이 넓어서 해결책을 잘 포착하고 필요하면 변화를 실행한다.

오언스는 긍정적으로 일하기 위해 동기나 영감 부여, 교육 CD를 열심히 찾아 듣는다. 일터가 아닌 곳에서는 영성에 의지해서 용기를 얻는 한편 경영자로서 필요한 자신감을 얻고 유지하려고 노력한다. 그리고 그녀는 이런 긍정성을 퍼뜨리는 방법의 일환으로 미래의 기업가와 진정성에 목마른 리더들과 상담도 한다. 이들은 스스로 어떤 사람이 되고 싶은지 깨닫고, 다른 사람이 걸었던 길이나 목표가 아닌 진정한 자신의 목표를 알고 싶어 한다. 오언스는 그런 맥락에서 사랑하는 일을 하고, 별로 좋아하지 않거나 서투른 부분은 다른 사람을 고용해서 만회하라고 조언한다.

"사랑하지 않는 일을 하는 건 고문이에요. 일처럼 느껴지지 않는 일을 해야 합니다."

남을 돕는 과정에서 성공적인 비즈니스를 구축한 오언스와 드와이어 그룹이 이해하는 '부유한' 삶의 의미는 『생각하라 그리고 부자가 되어라』에서 열성적으로 설파한 의미와 일맥상통한다. 이들의 비전은 금전적 이익이 아니라 가치를 위주로 움직이며, 덕분에 막대한 이익을 실현한다. 또한 직원과 프랜차이즈의 성공이 곧 드와이어 그룹의 성공이라는 생각 덕분에 구성원 모두가 성공이 가져다주는 결실을 누릴 수 있었다. 드와이어 그룹의 모든 프랜차이즈가 이런 사상을 기반으로 하고 서비스를 중시한다. 이들이 존속하고 성장할 수 있었던 배경은 이 사상과 조직에 도움이 되는 가치를 한결같이 지킨 데 있다.

사람들은 대부분 먼저 재산을 얻으려 하고, 그다음 풍족하고 보람찬 삶이 따라오길 기대한다. 당신은 정반대 전략을 취해야 한다. 진실하게 살고 열정을 좇으며 그 과정에서 다른 사람들의 삶을 지지하고 풍요롭게 해주려고 노력하면 결국 이런 가치가 물질적 부를 창조한다. 이 전략은 나폴레온 힐 철학의 핵심이며 오언스와 드와이어 그룹에 효과적으로 작용했다. 그리고 당신에게도 효과를 발휘할 것이다.

운명을 바꾸는 💡 생각의 비밀

1. 다른 사람에게 영향을 미치면 부는 자연스럽게 따라온다.
2. 긍정적인 사고의 힘을 활용하라.
3. 내가 부족한 부분은 다른 사람에게 맡겨라.

Thoughts Are Things

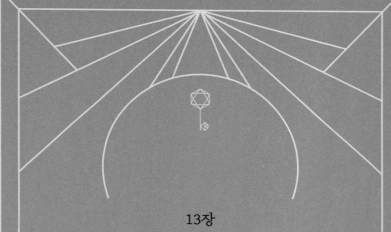

13장

트라우마를 넘어
승리하라

BOB PROCTOR

위대한 성취는 주로 위대한 희생에서 탄생한다.
이기심으로는 결코 얻을 수 없다.

– 나폴레온 힐

가장 위대한 승리와 돌파구는 제일 암울하고 힘든 시간에 싹을 틔운다.

여성 건강 웹사이트 임파워EmpowHER.com의 창립자이자 CEO인 미셸 킹 롭슨Michelle King Robson은 마흔 둘의 나이에 그 시기를 맞이했다. 자궁 절제술을 받았는데, 나중에 알고 보니 불필요한 수술이었던 것이다. 그녀는 그 여파로 1년 가까이 생각지도 못했던 고통에 시달렸다.

롭슨은 이 시기에 바닥이 없는 절망을 경험했다. 심지

어 목숨을 버릴 생각까지 했다. 하지만 이 위기를 겪는 동안 그녀뿐만 아니라 전 세계 수백만 명의 삶을 바꿀 일이 일어났다.

"가장 비참한 시기에 신과 거래했어요. 제 몸이 좋아진다면 이 세상에서 그 어떤 여성도 저처럼 괴로워하지 않게 하겠다고 기도했죠. 최소한 제가 지켜본다면, 제가 도울 수 있다면요."

롭슨은 자신이 겪는 증상을 가라앉혀줄 의사를 찾아 전국을 돌아다녔지만 실패했고, 이후 모든 수단을 동원해서 직접 답을 찾기 시작했다. 물론 인터넷도 그 수단이었다.

인터넷에 계속 글을 올렸어요. "우울합니다. 자궁을 완전히 절제했어요. 도와주실 분 있나요?" 저는 저 같은 여성을 찾고 있었죠. 같은 일을 겪어본 사람요. 전혀 반응이 없더군요. 글을 올린 웹사이트가 200개는 됐을 거예요. 이런 웹사이트는 모두 도와주겠다며 무슨 일인지 말해보라고 적혀 있었지만 제대로 된 답을 받은 적은 없었어요.

결국 롭슨은 친구의 권유로 한 의사가 쓴 책을 읽었고, 그 철학에 공감했다. 우연의 일치로 의사가 일하는 곳이 롭슨의 집과도 가까웠다. 예약을 잡고 가서 단순하게 구성된 두 가지 치료법을 시작했는데, 8개월 동안 전문의 12명과 약사 12명이 못 했던 일을 5일 만에 해냈다. 몸이 회복된 것이다.

건강이 좋아지고 정신이 맑아지면서, 롭슨은 약속을 지키기로 했다. "많이 아팠지만 이제 몸이 나았습니다. 울컥하더군요. 여자를 울컥하게 하면 안 돼요. 박차고 나가서 회사를 세울 테니까요."

롭슨은 수많은 여성이 제대로 된 치료를 받지 못하고 주로 인터넷에서 건강에 관해 질문한다는 사실을 경험으로 알고 있었다. 사람들이 찾는 진짜 정보는 인터넷에 없다는 것도 알았다.

뭘 만들어야 할지 명확히 보였다. 풍부한 콘텐츠가 있고 보기 쉽게 정리된 곳, 정보와 답이 존재하며 여성들이 더 나은 선택을 하고 건강과 삶을 주도할 수 있게 지지하는 곳이어야 한다. 다시 말해 롭슨이 아픈 몸으로 찾아 헤맬 때는 없었던 바로 그 자원이 필요하다.

　물론 어떻게 만들지가 문제였다. 마침내 이 문제의 답을 찾기까지 상당한 시간과 시행착오가 필요했다.

"혼자 만들면 아무도 안 올 겁니다"

　롭슨은 처음에는 우왕좌왕했다고 기꺼이 인정했다. "저는 인터넷이 낯설었어요. 기술에도 문외한이었고요. 대학도 안 나왔습니다. 제게 열정과 자원이 있다는 것만 알았어요." 롭슨에게 필요한 건 그녀의 표현대로 '적절한 역할을 해줄 적합한 사람'이었다. 하지만 다른 초보 기업가처럼 처음에는 본능적으로 이 자리를 모두 자신이 채우려 했다.

　무척 쉬울 줄 알았어요. 웹사이트가 별건가, 내가 만들지 뭐. 다들 만들잖아. 문제는 아무도 찾아오지 않았다는 겁니다. '구글'이라는 게 필요하더군요. 하지만 구글은 제대로 순위를 올려주지 않아요. 선한 의도로 여성을 위해 제작된 사이트라고 해도 사람들이 저절로 찾아오지 않습니다. 특정 인터넷 분야에 경험을 갖추고 뭐가 필요한지 알려줄 사람이 필요했어요. 검색 엔진을 최적화하고 매일 콘텐츠를 생산해 줄 사람도요.

결국 롭슨은 세상에서 가장 단순한 행동에 막강한 힘이 있다는 걸 깨달았다. '질문'이다.

한 사람을 붙들고 이렇게 질문했어요. "이걸 하고 싶은데, 누구한테 가야 하나요?" 그렇게 제 오른팔을 고용했습니다. 스타트업과 기술 분야 출신으로 자기 일을 잘 아는 사람이었죠. 그 사람이 첫 웹사이트를 제작했어요.

롭슨은 비전을 실현하고 성공적으로 웹사이트를 구현해 줄 기술과 지식을 갖춘 전문 팀을 조직할 때까지 끊임없이 질문했다. 열정적인 질문은 세부적인 웹사이트 내용까지 확대됐다. 하지만 그녀는 도움을 받으려고 그토록 찾아 헤맸던 바로 그 전문가들의 반대에도 아랑곳하지 않고, 사

227

이트에 구체적인 질문을 등록하면 제때 개인적인 답변을 받을 수 있는 '질문' 버튼을 넣자고 밀어붙였다.

팀원들은 이렇게 말했어요. "그건 안 돼요. 질문 기능이 들어가면 안 됩니다. 수치화 가능한 모델이 아니에요." 제겐 비즈니스 경험이 없었습니다. 하지만 신경 쓰지 않았어요. 그래서 말했죠. "수치화 가능한 모델이 뭔지 전혀 몰라요. 전 그걸 원하고, 여러분이 구현해야 합니다. 돈은 제가 내는 거니까요. 방법을 찾아주세요."

팀원들은 방법을 찾아냈다. 그리고 '건강 고민 질문'은 임파워에서 가장 인기 있는 코너로 발돋움했다.

만병통치약은 없다

롭슨은 기업가를 꿈꾸는 사람들에게 무엇보다 하루아침에 이뤄진 인터넷 성공 신화를 믿지 말라고 경고한다. 올바른 인재들을 구하고 그들이 제일 잘하는 일을 할 여건을 조성한 후에도, 회사에 존재감이 생기고 롭슨이 구상한 수준의 영향력을 발휘할 수 있게 성장하기까지는 상당한 시간이 걸렸다.

만병통치약 같은 건 존재하지 않아요. 삼키기만 하면 마법처럼 실현해 주는 약은 없습니다. 그 사실을 깨닫는 데 시간이 걸렸어요. 열심히 일하고, 최대한 노력하고, 모든 걸 쏟아부어야 합니다. 나를 믿고, 내가 하는 일을 믿고, 내 팀을 믿어야 해요.

또한 그녀는 사업을 시작하려는 사람들에게 목표와 목적에 '극도로 집중'하라고 조언한다. "하나를 잘할 생각을 하세요. 그거면 됩니다. 열 가지가 아니라 한 가지를 잘해야 해요. 그러지 않으면 성공할 수 없어요. 가장 중요한 일에 집중하지 않았으니까요."

6년이 넘는 시간이 흘렀고, 그동안 온갖 노력과 시간을 투자해서 얻은 교훈이 빛을 발했다. 임파워는 여성 건강 관련 웹사이트에서 5위를 기록했고 전체 건강 사이트에서는 7위에 올랐다. 임파워에서는 매달 수천만 명에 달하는 독특한 방문자들이 드나든다. 롭슨은 온갖 상과 찬사로 비전과 노력, 헌신을 보상받았다. 특히 그녀가 제작한 사이트 덕분에 삶이 나아지고 풍요로워졌으며, 심지어 목숨을 구했다며 전 세계에서 쏟아진 수많은 이용자들의 긍정적인 반응은 롭슨에게 무엇보다 중요한 보상이었다.

엉덩이를 떼고 일어나서 행동하라

롭슨은 운 좋게도 어릴 때 『생각하라 그리고 부자가 되어라』를 읽었다. 이런 원칙은 오랜 세월이 흘러도 계속 영향을 미쳤다고 한다. 롭슨은 특히 단순한 생각이 아니라 실행과 결합한 생각이 성과를 창출한다는 주장에 깊이 공감한다.

"아이디어는 처음에 뇌에서 씨앗으로 시작해요. 그때부터 그걸로 무엇을 할지 생각해야 합니다. 실행할 건가요, 아니면 씨앗 상태 그대로 남겨둘 건가요? 많은 사람이 빈둥거

리며 이런저런 말을 해요. 말은 쉽죠. 뭔가 이루고 싶으면 엉덩이를 떼고 일어나서 행동으로 옮겨야 합니다.”

롭슨은 가장 암울한 시기에 신과 한 약속을 실행하기로 선택한 덕분에 그동안 구상했던 모든 것을 넘어서는 비즈니스를 창조할 수 있었다. 그녀의 생각은 실체가 됐다. 그 무엇보다 의미 있는 방식으로 롭슨 자신을 포함한 사람들의 삶에 영향을 미쳤고, 앞으로도 영향을 줄 것이다.

“이 세상의 어떤 여성도 저처럼 고통받는 일이 없게 온 열정을 쏟을 겁니다. 열정이 제일 중요해요. 제겐 동기가 있고 꿈이 있습니다. 이 모든 일을 하는 이유죠. 꿈을 실현하려고요.”

운명을 바꾸는 🔑 생각의 비밀

1. 내가 겪었던 개인적인 경험과 고통에서 다른 사람들에게 도움을 주는 일이 시작될 수 있다.
2. '질문'은 가장 단순하면서도 막강한 힘을 지닌다.
3. 말이 아니라 행동을 하라.

Thoughts Are Things

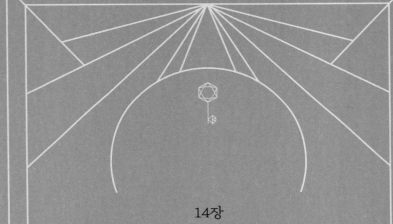

14장

아이디어는
내 안에 있다

인생에 필요한 모든 돌파구는
당신의 상상 속에 들어 있다.
상상은 마음의 작업실이며,
에너지를 성취와 부로 바꿀 힘이 있다.

– 나폴레온 힐

누구나 실체가 될 만한 아이디어를 떠올릴 수 있을까? 아니면 특별한 재능이나 유전자를 타고난 사람들에게만 이런 능력이 있는 걸까?

어그 부츠UGG Boots를 만들어낸 브라이언 스미스Brian Smith는 훌륭한 아이디어를 그냥 흘려보내는 사람과 실제로 추진하고 세상에 영향을 미치는 사람들의 차이는 단 하나라고 생각한다. 바로 비전이다.

스미스에게는 가능성이 없어 보이는 분야에서 기회를

아이디어는 내 안에 있다

발견하고 엄청난 성공을 이루는 탁월한 능력이 있다. 그는 세상에 아이디어는 넘쳐난다고 생각한다. 알아볼 수만 있다면, 아무리 사소하더라도 마음을 열고 생각이나 소망, 머릿속에서 번뜩이는 발상을 받아들인다면 어디를 둘러봐도 아이디어가 눈에 띄기 마련이다. 스미스는 이런 과정을 여러 번 목격하고 경험했다. 위대한 아이디어가 실체로 탈바꿈하는 과정도, 훌륭한 아이디어가 실행 없이 흐지부지되는 과정도 지켜봤다. 그는 호주 퍼스에서 친구들과 시끌벅적하게 파티를 하다가 이런 현상을 처음 접했다.

제 친구 리처드가 와인 테이블에 혼자 앉아서 병을 따는 코르크스크루를 계속 이리저리 돌려보는 걸 발견했어요. 다른 친구들을 의식도 하지 않길래 신기하다고 생각했죠. 몇 분 기다렸다가 리처드한테 가서 뭘 하냐고 물었어요. 리처드는 저를 올려다보면서 놀라운 대답을 하더군요. "내가 이걸 설계한다면 이렇게도 해보고, 저렇게도 해봤을 거야." 그러더니 코르크스크루를 내려놓고 다시 파티에 돌아갔어요.

리처드는 코르크스크루 사업에 발을 들이지 않았다. 하지만 스미스는 이렇게 생각했다. "코르크스크루를 사용한 리처드와 나머지 스무 명, 서른 명의 차이는 다른 사람이 생각하지 않는 일을 구상했다는 거예요."

이런 관찰이 스미스에게 준 교훈은 기회를 물색하고, 알아보고, 기회가 찾아왔을 때 실행해야 한다는 사실이다.

내면의 목소리에서 영감을 찾아라

스미스는 어그 부츠를 만들 때 우주와의 소통이 그를 이끌어 줬다고 말한다. 이 소통이 항상 길을 보여주고, 삶을 구원해 주었다. 스미스는 서른 살에 공인 회계사로서 일하면서 성취감을 느끼지 못했고, 정말 하고 싶은 일이 무엇인지도 몰랐다. 그러던 어느 날 핑크 플로이드Pink Ployd의 「타임Time」을 들으면서 눈이 번쩍 뜨였다. 그 노래의 가사에서는 많은 사람이 방랑하듯이 살다가 무한정 미루기만 한다고 했다.

"몸을 세우고 꼿꼿이 앉았어요. 온몸에 닭살이 돋더군요. 제 상위 자아higher self(의식적인 마음의 흐름에 영향을 받지 않는 고차원적인 자아)는 이런 식으로 제가 올바른 방향으로 가고 있다는 걸 알려줍니다. 누구나 탐내는 파트너십을 구축한 회계사 친구들과 사업에 성공한 사람들을 떠올리면서, 제가 10년 동안 제자리에 있었다는 사실을 깨달았어요. 출발 신호를 놓친 거죠. 지금 제 삶이 정말 원하는 삶과 일치하지 않는다는 내면의 목소리가 강하게 울렸어요."

스미스는 요가를 하면서 명상을 접했다. 명상은 의식 상태를 올리는 데 도움이 된다. 어느 날 명상을 하는데 정신이 흐트러지면서 여러 기업과 그들의 제품이 대중없이 떠오르기 시작했다. 그러다 그는 호주 친구들이 좋아하고 자주 쓰는 많은 제품이 원래 미국산이라는 사실을 깨닫고 갑자기 미국에 가야겠다는 강렬한 소명을 느꼈다. 그곳에서 차세대 라이프스타일 히트 상품을 찾아내서 호주에 가져오고 싶었다. 이것이 스미스가 해야 할 사업이고, 살면서 꼭 해야 할 일이었다.

그는 이 생각을 떠올린 지 6주도 채 지나지 않아 로스앤

젤레스에 도착했다. 그리고 6개월이 지나기 전에 라이프스타일 상품을 히트시켰다.

스미스는 잡지 《서퍼Surfer》를 읽다가 우연히 한 광고에서 아늑한 벽난로 앞에 양가죽 부츠를 신은 사진을 발견했다. 그는 서핑과 야자수, 비키니를 입은 여자들과 해변, 맨다리와 맨발이 떠오르는 캘리포니아 남부에서 발행된 잡지와는 전혀 어울리지 않는 광고라는 사실에 주목했다.

"광고가 제게 대박을 터뜨릴 수 있다고 소리 지르는 것 같았어요. 캘리포니아에서 생활한 지 6개월도 안 됐는데 《서퍼》광고란에 제 미래가 펼쳐진 겁니다."

스미스가 친구에게 광고를 보여주자, 돌아오는 건 이해가 안 된다는 답변이었다. "부츠잖아. 누가 부츠를 신어?"

"바로 그거야." 스미스가 대답했다. "화창한 캘리포니아에서는 아무도 안 신지!" 양가죽 부츠는 사람보다 양이 많은 호주에서 신는 신발이다. 하지만 미국에는 양가죽 신발이 없었다. 전체 미국인 중에 0.5퍼센트라도 양가죽 부츠를 산다고 가정했을 때, 이 제품을 파는 사람이 자신뿐이라면 부자가 될 수 있다고 생각했다.

아이디어는 내 안에 있다

제 내면의 목소리는 항상 옳았어요. 문제는 제가 메시지를 거꾸로 알아들었다는 거죠! 제 운명은 미국에서 히트 상품을 찾아내서 호주로 돌아가는 게 아니었습니다. 차세대 상품은 이미 호주에 있었어요. 그걸 미국에 가져와서 즉시 대성공을 거두는 게 제 운명이었어요.

차세대 히트 상품은 이미 존재했다. 스미스가 아직 못 봤을 뿐이다.

무지의 가치

성공에 대한 이런 비전은 사람들이 새로운 꿈을 품고 깨달음의 순간을 맞이하면서 맹목적으로 낙관할 때 주로 나타납니다. 저는 진정한 기업가가 어느 정도 무지한 건 성공의 필수 요소라고 생각합니다. 앞으로 어떤 장애물에 맞닥뜨릴지 처음부터 알았으면 절대로 시작하지 않을 테니까요.

양가죽이 튼튼하고, 공기도 잘 통하고, 세탁할 수 있고, 무엇보다 편하다는 걸 미국인은 잘 모릅니다. 저는 미국인들이 이걸 모른다는 사실을 전혀 몰랐고요. 미국인에게 양가죽은 덥고, 땀나고, 거칠고, 다루기 힘든 물건이었어요. 외투나 벙어리장갑에나 어울리지 신발에 쓰는 재료는 아니었죠. 호주인에게 양은 삶의 중심입니다. 어떤 형태로든 양에 의지하지 않고 하루를 보낼 수는 없어요. 이런 문화적 차이를 처음부터 알았으면 그냥 잡지를 팽개치고 다시 풀이 우거진 호주 산비탈에서 스키를 타는 꿈이나 꿨을 겁니다.

스미스는 먼저 《서퍼》에 광고를 게재한 웨스턴오스트레일리아의 컨트리 레더Country Leather사와 접촉해서 미국에서 제품을 판매하기 위한 일종의 독점 계약을 맺으려 했다. 즉시 컨트리 레더의 소유주 조지 버처George Burcher에게 전화했는데, 버처는 제품을 유통하고 싶다는 미국인들의 전화를 많이 받았다고 했다.

스미스는 자신이 확신하는 만큼, 버처도 스미스를 적합

아이디어는 내 안에 있다

한 파트너로 확신해야 한다는 사실을 깨달았다.

저도 버처처럼 호주 서부 출신으로 퍼스에서 왔고, 사업을 시작하려는 회계사라고 소개했어요. 버처의 고향 올버니에서 내셔널 윈드러시 서프캣National Windrush Surfcat의 세일링 선수권에 출전했다고 말했죠. 버처와 유대감을 쌓으려고 최대한 생각나는 대로 호주와 관련한 사소한 얘기를 늘어놨어요.

결국 스미스는 컨트리 레더의 승인을 받아 시장을 시험하기 시작했다. 그 결과는 다들 아는 대로다. 1980년대 중반, 어그 부츠는 미국의 패션 아이콘으로 부상했다. 오늘날 어그 부츠는 연령대를 불문하고 필수 아이템으로 자리 잡았다.

이 환상적인 성공 신화는 생각이 가져온 직접적인 결과였다. 더 정확히 말하면 생각을 실행한 결과다. 누구나 양가죽 부츠 광고를 보면서 캘리포니아 남부 사람들의 발에 신기겠다고 상상하지는 않는다. 사람들의 창의력은 유형도,

수준도 저마다 다르다. 스미스는 어떻게 이미 존재하는 제품을 활용하여 기존과 다른 방식으로 마케팅하겠다고 생각했을까?

생각은 아주 개인적이에요. 종류도 다양하고 정의하기도 어려워요. 일단 긍정적인 생각과 부정적인 생각이 있습니다. 빠른 생각과 느린 생각, 바른 생각과 틀린 생각도 있죠. 누구나 어느 정도는 이런 생각들을 활용해서 지금 이 자리까지 왔어요. 모든 생각을 합한 결과가 그 자리를 결정합니다. 하지만 저는 의도적으로 생각을 안 하려고 할 때 가장 훌륭한 생각이 나온다는 결론을 내렸어요. 문제가 생겨서 오도 가도 못하거나 방향을 잃어버릴 때, 영감이 필요할 때 항상 명상에서 답을 찾았어요.

긴장을 풀기 전에 먼저 의도를 정하고, 옆에 펜과 종이를 놔둡니다. 그다음에는 가만히 앉아서(특별히 장소를 가리지는 않아요. 비행기에서도 훌륭한 생각이 떠오른 적 있거든요) 최대한 아무 생각도 안 하려고 해요. 보통 아무것도 안 떠오르지만, 아이디어가 떠올라서 영감을 받을 때도 심심찮게 있습니

아이디어는 내 안에 있다

다. 제게는 이런 생각이 제일 순수해요. 저는 누구나 연습하면 활용할 수 있는 지성이 우주에 존재한다고 믿어요. 대부분의 사람들은 바닥으로 곤두박질해서 생각할 수 있는 게 거의 없는 절망적인 시기에만 이 목소리를 듣습니다. 하지만 이 불꽃은 항상 존재하면서 진정으로 추구하는 사람에게 격려의 말을 속삭이고 새로운 생각을 가져다주죠.

운명을 바꾸는 🔑 생각의 비밀

1. 자기 내면의 목소리를 들어라.
2. 명상은 좋은 아이디어를 떠올리는 데 도움이 된다.

아이디어는 내 안에 있다

Thoughts Are Things

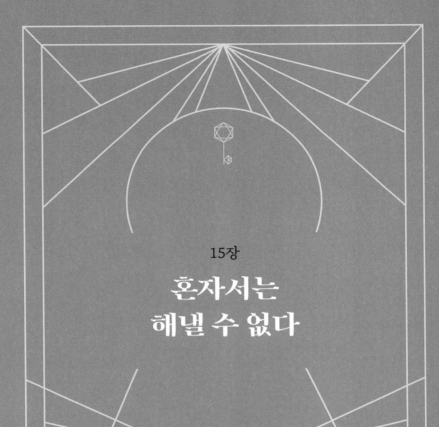

15장

혼자서는
해낼 수 없다

BOB PROCTOR

땅보다 인간의 정신에
더 많은 황금이 존재한다.

– 나폴레온 힐

테이블은 사람들이 모이는 곳이고 단란함과 소통, 공동체를 상징한다. 테이블에 친구들이 둘러앉아 대화와 조언을 나누고, 가족이 모여서 웃음과 꿈, 두려움, 생각과 아이디어를 교환한다. 사생활에서는 즐겁게 어울리거나 접대하는 곳이고, 일할 때는 브레인스토밍, 계획, 거래를 하고 자금과 아이디어, 조언을 교환한다.

기업가 롭 에인절Rob Angel은 재미있고 유쾌한 테이블에서 놀라운 성공을 이끌어냈다. 또한 처음부터 사람들을 그의 보드게임 테이블에 모아서 아이디어를 완성하고, 시험하고, 완벽하게 다듬어 비즈니스를 창조했다.

모르면 도움을 받아라

오늘날 에인절은 보드게임 픽셔너리Pictionary를 제작하여 큰 인기를 끌면서 엄청난 성공을 거둔 사업가다. 하지만 1985년에는 힘들게 일하는 웨이터였다. 그는 손님이 뜸할 때는 사전에서 아무 단어나 골라서 그 단어를 나타내는 그림을 그리고, 다른 사람에게 맞추게 하면서 시간을 보냈다. 동료들은 이 놀이에 열광했고, 교대 시간에 시간을 때우려고 시작한 게임은 더 큰 아이디어로 진화했다.

하지만 에인절은 자신이 뭘 모르는지 알았다. 사람들의 관심과 흥미를 끌어모아서 픽셔너리를 세상에 알리려면 도움을 받아야 한다. 먼저 게임판을 출력할 돈이 필요했다. 삼촌이 대출을 받아준 덕분에 자금을 마련해서 게임판을 수천 장 출력할 수 있었다.

에인절의 사업 파트너는 세 명이었다. 투자 고문이었던 삼촌, 카드와 보드를 디자인해 준 그래픽 디자이너, 마지막은 사업 파트너로, 에인절 자신이 인정하듯이 '말도 안 되게 평범한 사업가'를 보완하는 역할이었다. 에인절은 이 세 사람을 자신에게 부족한 분야에서 전문성을 발휘하는 드림 팀이라고 생각했다. 또한 큰 인기를 끈 보드게임 트리비얼 퍼슈트Trivial Pursuit의 게임판 출력을 전담했던 남자에게서도 조언을 구했다. 에인절은 지식과 경험, 전문성 측면에서 부족한 부분을 채워줄 사람들을 데려왔고, 결국 이 팀이 성공의 발판이 됐다. 그뿐만 아니라 그는 자기 제품을 믿었다. "몇 년 동안 사람들은 제게 미쳤다고 했지만 우리는 아랑곳하지 않고 홍보했어요. 우리 제품이 특별하다는 걸 알고 있으니 절대로 돌아보지 않았습니다."

하지만 성공은 쉽지도, 하루아침에 이뤄지지도 않았다. "수백 번, 수천 번 제품 설명을 했고 시애틀 전역의 소매상을 만나고 다니면서 겨우 몇 세트씩 판매했어요." 결국 가장 큰 고객은 백화점이었다. 노드스트롬 백화점에서 주문한 167세트가 성공의 발판이었다.

혼자서는 해낼 수 없다

1986년 초, 에인절의 팀은 판매 인가를 받고 직접 게임 회사를 설립했다. 커다란 성공을 거둔 픽셔너리는 2001년에 주요 게임 회사들로부터 판매 제안을 받았으며 결국 해즈브로Hasbro에 매각됐다.

마스터 마인드의 힘

픽셔너리가 수백만 명이 둘러앉아 즐기는 게임으로 성공할 수 있었던 건, 생각을 실현할 만한 경험과 통찰력을 가진 사람들이 도와주고 조언한 덕분이었다. 나폴레온 힐은 이런 집단을 '마스터 마인드 그룹'이라고 불렀으며, 대단히 중요하다고 생각해서 13가지 원칙에 소개했다. 힐 박사는 마스터 마인드를 '명확한 목표를 달성하기 위해 두 명 이상의 사람들이 지식과 노력을 조화롭게 공유하는 화합의 정신'이라고 정의한다.

힐 박사에게 마스터 마인드라는 비전을 일깨운 사람은 바로 앤드루 카네기였다. 이 철강 거물이 다른 사람들과 협력한 이유는 단 하나, 철강 제국을 건설하기 위해서였다. 힐 박사는 카네기의 마스터 마인드 그룹을 이렇게 묘사한다.

카네기의 마스터 마인드 그룹에는 철강을 생산하고 판매한다는 명확한 목표를 가지고 직접 뽑은 50명 정도의 사람이 있다. 그는 자신의 모든 행운이 이 마스터 마인드로 축적된 힘 덕분이라고 말한다.

당신은 자기도 모르게 지금 마스터 마인드 그룹에 속했는지도 모른다. 이사회, 자문단, 멘토, 금융 파트너와 비즈니스 파트너, 심지어 비슷한 생각을 가지고 정기적으로 아이디어를 교환하고 소통하는 모임도 이런 마스터 마인드 그룹에 해당한다.

어떻게 불리고 어떤 멤버로 구성되든, 이 모임이 유익하다는 것은 확실하다. 마스터 마인드의 기능은 다음과 같다.

◆ 새로운 아이디어에 기여하고 중요한 피드백을 제공한다.

혼자서는 해낼 수 없다

◆ 기존 네트워크와 인간관계를 즉각 늘려주어, 다양한 측면에서 비즈니스나 계획을 도와줄 사람들이 늘어난다.

◆ 비슷한 분야에서 귀한 경험을 했던 사람들과 협력할 기회가 열린다.

◆ 혼자 습득하려면 수년, 혹은 수십 년 걸렸을 정보를 빠르게 제공한다.

◆ 생각과 아이디어를 성공적인 비즈니스로 전환하려고 할 때 집중과 방향성, 책임감을 잃지 않도록 도와준다.

에인절처럼 경험이 부족한 미래 기업가에게 마스터 마인드 그룹은 막대한 가치를 가져다준다. 하지만 이미 자리 잡은 기업가들이 계속 성공하는 데도 중요한 역할을 한다. 작가 J. R. R. 톨킨J. R. R. Tolkien은 찰스 윌리엄스Charles Williams, 오언 바필드Owen Barfield, C.S. 루이스C.S. Lewis와 함께 작가 마스터 마인드 그룹을 결성했고 『반지의 제왕』을 쓸 때 이들의 도움을 받았다. 역사상 가장 유명한 마스터 마인드 그룹의 이름은 '방랑자Vagabond'였다. 헨리 포드와 토머스 에디슨, 워런 하딩Warren Harding 미 전 대통령, 그리고 파이어스톤 타이어 컴퍼니Firestone Tire Company의 하비 파이어스톤Harvey Firestone이 이 그룹에 속했다.

당신과 함께 테이블에 둘러앉은 사람들은 협력을 통해 또 다른 목소리를 창조한다. 힐 박사는 이를 '제3의 정신'이라고 했다. "두 정신이 모이면 필연적으로 보이지 않고 만질 수 없는 세 번째 정신을 창조한다. 일종의 제3의 정신이라고 봐야 한다."

세상에 실체를 창조하는 힘은 마스터 마인드 그룹의 보이지 않는 '제3의 정신'이 존재할 때 더 강해진다. 에인절의 픽셔너리처럼 특정한 개인이나 아이디어를 지원하려고 형성됐든, 구성원 전체의 성공 확률을 높이고 사업을 성장시키려고 결성됐든 서로 다른 기술과 재능, 아이디어, 경험, 관점을 가진 전문적인 조언자 그룹은 기업의 자산이 된다.

에인절은 다른 사람의 도움 덕분에 창조적 재능을 누구나 아는 브랜드로 탄생시켰다. 그는 자신에게 없는 금전적 지원과 기술, 잘 모르는 분야의 전문성을 확보해야 했다. 그는 스스로 어느 부분을 모르는지 알고 있었고 모든 일을 혼자 하려 하지 않았다. 꿈을 실현하려면 무엇이 필요한지 인식하고 받아들인 다음 직접 그 자원을 찾아냈고, 팀을 결성하여 그림 그리기 게임을 초대형 히트 상품으로 탈바꿈했다. 위대한 아이디어는 한 사람이 생각할 수 있지만, 위대한 성공에는 여러 사람이 필요하다는 증거였다.

다음에 테이블에 둘러앉을 때는 주변의 힘을 활용하자. 친구와 가족의 통찰력과 피드백, 전문가의 조언을 구하는 한편 당신의 생각을 넘어선 아이디어와 새로운 관점을 물색하라. 자신이 모르는 게 무엇인지 파악하고 다른 사람에게서 도움을 받으면, 문이 열리고 아이디어가 확장되며 성공은 한층 탄력을 받는다.

주변에 적합한 사람이 있으면 생각을 훨씬 빠르고 쉽게 실체로 바꾸고, 완벽한 성공을 달성할 수 있다.

1. 자기 자신이 무엇을 모르는지 알고, 이를 보완할 사람을 찾아라.
2. 같은 목표를 달성하고자 하는 '마스터 마인드 그룹'의 도움을 받아라.

Thoughts Are Things

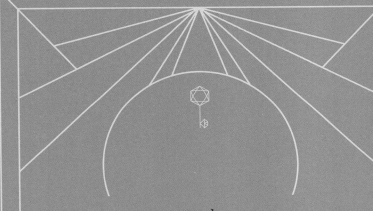

16장

성공한 사람들에게는
공통점이 있다

열망을 실현할 명확한 계획을 세우고
준비가 됐든 안 됐든 단번에 시작해서 계획을 실행하라.

– 나폴레온 힐

일반적으로 사람은 평생 5만에서 9만 시간을 일한다. 진정으로 좋아하지 않는 일을 하기에는 지나치게 많은 시간이다.

나폴레온 힐은 일에서 성취감과 보상을 찾는 것이 대단히 중요하다는 가르침을 남겼다. 사람들은 대부분 자신이 일에서 인정받고 있는지 알고 싶어 한다. 자신이 변화를 일으키고 있는지, 고용주와 직원, 고객, 사회에 실제로 이익을 창출했는지 궁금해한다.

힐 박사와 이 책에 등장하는 기업가들이 반복해서 강조하듯이 그것이야말로 진정한 부의 원천이다. 그리고 이를 추구하는 사람들은 성취감과 보상이 경제적 성공의 전제 조건이지 결과가 아니라는 사실을 알아차린다.

생각을 실체화할 때 하는 행동

미라 S. 화이트Myra S. White 박사는 나폴레온 힐처럼 생각이 성공에 미치는 영향을 연구하고 있다. 화이트 박사는 하버드 의대의 정신의학 임상 지도자로서 하버드 평생 교육원Harvard Extension School에서 리더십과 전략적 재능 관리를 가르친다. 그녀는 성공한 사람들의 공통점을 알아내기 위해 힐 박사처럼 이들을 연구하고 인터뷰했다. 화이트 박사는 '생각의 실행', 즉 성공하는 사람들이 생각을 실체화할 때 하는 행동을 중점적으로 연구한다. 힐 박사가 정의하는 부와 같은 맥락에서 긍정적인 기여를 가장 중시하는 사람들에게 초점을 맞췄다.

저는 그 사람이 누구인지, 어떻게 생겼고 성격은 어떤지는 관심 없어요. 생각을 실체화하려고 무슨 일을 하는지만 살펴볼 뿐이죠. 저는 일관성 있게 행동하고, 제품이나 행동을 통해 사람들의 삶에 가치를 더하고 삶의 질을 개선해서 세상에 긍정적인 변화를 일으키고자 고군분투하는 사람들을 연구합니다.

화이트 박사는 새천년이 시작될 무렵 이 연구에 관심을 가졌다. 박사의 표현에 따르면 경력이 '이도 저도 아니다'라는 사실을 깨달은 시기였다. 그녀는 하버드 인문과학 대학원에서 심리학 박사 학위를 받고 하버드 로스쿨에서 법학 박사 학위를 취득했다. 이처럼 세계적으로 엄선된 소수의 집단에 속했지만, 어떻게 해야 이 학력을 통해 전문성과 경험을 100% 활용하고 표현해야 할지는 오리무중이었다. 그녀는 다른 사람들처럼 의미 있는 일을 하고 주변 세상에 긍정적으로 기여하고 싶었다. 하지만 끊임없이 방향성도 희망도 없는 일을 하면서 갇혀 있는 느낌이었다.

그래서 화이트 박사는 경력을 되돌아보면서 처음에는

유망해 보였던 직업에 무슨 일이 생긴 건지 알아내려 했다. "제가 가는 길을 곱씹어 보는데, 미국 일터에서 어떻게 해야 성공하는지 전혀 모른다는 사실을 깨달았어요. 저는 어렸을 때 영국에서 미국으로 이민 왔어요. 아버지는 제가 태어나기 전에 돌아가셨고, 어머니는 미국에 살면서 주립 공원을 관리하는 영국인과 재혼하셨죠. 우리는 그곳에 살았어요. 제 부모님은 이질적인 문화에 동화되지 못했고, 저는 근본적으로 모범적인 영국 여학생을 목표로 자랐어요. 우리 집에 찾아오는 어른들은 주로 미국을 여행하는 영국인 지인이나 친척이었고요. 게다가 다들 성공이나 개인적 성취, 많은 돈을 버는 데는 전혀 관심이 없었어요."

화이트 박사가 미국에서의 성공에 처음 눈을 뜬 건 남편을 처음 만난 19살 때였다. "남편은 세상 물정에 해박한 미국인이었어요. 제가 단순히 학위를 따는 것보다 훌륭한 일을 할 수 있다고 하면서 학계에서 성공하는 길을 설계해 줬죠. 미국식 문장을 단순하게 쓰는 법을 알려주고, 일류 대학에 입학하고 학생으로서 성공하는 방법을 가르쳐줬어요."

안타깝게도 그녀가 현실에서 제대로 일을 시작하기 전

에 남편은 암으로 사망했다. 이끌어주던 남편이 사라지자 화이트 박사는 길을 잃었다. 유망한 경력이 증발한 셈이다.

이런 과정을 거쳐 화이트 박사는 사람들이 어떻게 성공하고 자기 분야에서 영향력 있는 리더가 되는지 탐구하기 시작했다. "사람들이 성공할 때 꼭 밟는 단계가 무엇인지 알고 싶었어요. 어떻게 생각과 욕망을 효과적인 행동으로 바꾸는 걸까요? 그 단계를 알아내는 게 제 목표였어요. 스스로 기회를 잡고 싶기도 했지만, 목표를 달성하고 꿈을 이루려면 어떻게 행동해야 하는지 고민하는 전 세계 사람들을 돕고 싶었죠."

화이트 박사는 이 탐구의 일환으로, 크게 성공한 인물 80명 이상을 대상으로 공통적인 행동 주제와 패턴을 살펴보고, 연구 결과를 바탕으로 두 권의 책을 썼다. "직업이 무엇인지, 어떤 분야에서 노력했는지는 가리지 않았어요. 기업가, 의사, CEO, 운동선수, 작가, 연예인, 정치가, 그 밖에도 많은 유형을 연구했죠."

화이트 박사에 따르면 고성과자들은 저마다 배경이나 경험, 전문 분야가 달랐지만 거쳤던 단계나 일련의 행동에

성공한 사람들에게는 공통점이 있다

서 공통점을 보였다. 이 공통점은 지금까지 소개한 기업가들의 사연에서도 하나도 빠짐없이 명확히 드러난다.

성공하는 사람들의 8가지 공통점

1. 자신의 강점을 파악하고 약점을 받아들인다.

약점이 있다고 한탄만 하지 않고 잘하는 것을 더 잘하는 데 집중하며, 그 장점으로 변화를 일으킬 수 있는 분야에 진출한다. 달리 말하면 강점을 살리고 약점을 대신해 줄 사람을 찾는다. 버진 그룹Virgin Group 창립자 리처드 브랜슨Richard Branson은 난독증을 앓았고 중등 교육도 채 마치지 못했다. 첫 사업을 시작하고 얼마 지나지 않아 자신이 숫자에 약하다는 사실을 깨닫고, 절친한 사이였던 닉 포웰Nick Powell을 고용하여 돈 관리를 맡겼다.

2. 자기 열정을 찾아서 좇는다.

성공하려면 끝없는 시간을 집중하고 노력해야 한다. 자

기 일에 열정이 없으면 필요한 만큼 시간과 노력을 투자할 마음도 생기지 않는다. 성공하는 사람은 항상 자기 일에 열정적이었다. 그들에게 이것은 '일'이 아니었다. 그보다는 시간을 가장 보람차게 보낼 방법이었다.

3. 사소한 생각부터 시작한다.

성공한 사람들은 대부분 처음부터 제국을 건설하거나 세상을 바꾸겠다는 거창한 계획을 세우지는 않았다. 작은 의도로 일을 시작했고 성공하면서 점차 변화하고 성장했다. 월마트를 설립한 샘 월튼Sam Walton은 처음에는 그저 아칸소의 작은 도시에 괜찮은 소매점을 차려서 지역 사람들에게 필요한 물품을 합리적인 가격에 제공하는 게 목적이었다.

4. 한 걸음 더 나아간다.

재능과 달리 노력은 우리 마음에 달렸다. 상황상 필요하면 언제나 더 노력할 수 있다. 이것이 성공하는 사람들의 특징이다. 이들은 필요하다고 생각하면 한 걸음 더

성공한 사람들에게는 공통점이 있다

나아간다. 지금까지 영국의 유일한 여성 총리였던 마거릿 대처는 하원에서 토론할 때 극도로 철저히 준비했던 것으로 유명하다. 그녀는 상대편이 나가떨어질 때까지 사실 근거로 폭격을 퍼부었다.

5. 자신을 드러낸다.

우리는 열심히 잘하면 성공이 따라온다고 생각한다. 하지만 그것만으로는 충분하지 않다. 세상에는 보이지 않는 곳에서 애쓰고 활약하는 수많은 영웅들이 있다. 어디에나 이런 사람들이 보인다. 이들은 마트에서 상품을 계산해 주거나 차를 세차해 주거나, 전화로 고객 서비스 문제를 해결해 준다.

하지만 안타깝게도 이들은 대부분 당연한 존재로 인식되고 재능에 걸맞은 보상을 받지도 못한다. 아무도 그 존재를 알아차리지 못하기 때문이다. 관리자나 권력자가 아랫사람을 주목하는 건 무엇인가 잘못됐을 때뿐이다. 성공한 사람들이 이런 상황을 극복하는 방법은 성과를 인정받을 방법을 찾는 것이다. 이들은 성공의 문을 열어줄 수 있는 고위층에게 능력을 보여줄 기회를 포착했다.

잭 웰치Jack Welch도 처음 제너럴 일렉트릭General Electric에 입사했을 때는 수많은 신입 사원 가운데 하나에 불과했고 상사는 특별히 그에게 관심을 두지 않았다. 상사가 잭에게 새 플라스틱 제품의 비용과 물리적 성질을 분석하라고 지시했을 때, 웰치는 지시받은 것보다 훨씬 많은 자료를 준비해서 인정받을 기회를 잡았다. 단순히 플라스틱의 비용과 물리적 성질을 분석하는 수준을 넘어서 이 제품을 경쟁 제품과 비교했다. 상사의 상사가 이 보고서에 감동해서 잭의 멘토를 자처했고, GE의 CEO가 되는 길을 열어주었다.

6. 도와줄 사람을 구한다.

혼자 성공하는 사람은 없다. 성공한 사람 뒤에는 성공을 도와준 사람들이 존재한다. 마이크로소프트를 설립하는 건 언젠가 모든 사람이 집에 개인용 컴퓨터를 구비할 거라고 믿었던 폴 앨런Paul Allen의 아이디어였다. 앨런은

성공한 사람들에게는 공통점이 있다

빌 게이츠에게 학교를 그만두고 함께 일하자고 제안했다. 스티브 잡스도 비슷한 도움을 받았다. 최초로 애플 컴퓨터를 만든 사람은 스티브 잡스가 아니라 스티브 워즈니악Steve Wozniack이다. 잡스는 판매처와 틈새시장을 찾아 엄청난 노력을 기울였지만, 워즈니악의 천재적인 전자 제품 없이는 해내지 못했을 것이다.

7. 위험을 감수한다.

인간이 습관의 동물인 이유는 삶을 쉽게 예측하고 주도권을 잡고자 하기 때문이다. 행동에는 항상 위험 요소가 존재하기 때문에 사람들은 생각에 집착하고 실행에 옮기지 않는다. 반면 성공하는 사람들은 기꺼이 위험을 감수한다. 성공할 가능성이 거의 없는 위험을 무턱대고 감수한다는 뜻은 아니다. 이들은 성공 가능성이 합리적으로 존재하는 계산된 위험을 받아들인다.

8. 실패를 관리한다.

성공하는 사람들은 실패를 두려워하지 않는다. 이들에

게 실패는 피드백이나 풀어야 할 문제에 불과하다. 실패했을 때는 정면으로 마주해서 받아들이고, 주어진 환경에 가장 적합한 행동을 한다. J. K. 롤링 J. K. Rowling은『해리 포터』시리즈의 첫 권을 쓸 때 복지 수당을 받고 있었고 자신을 스스로 '그 무엇보다 큰 실패작'이라고 생각했지만, 그렇다고 멈추지는 않았다. 그녀는 계속 글을 썼다.

성공하는 사람들은 실패를 경험하면 방향을 180도 전환하기도 한다. 월마트 창립자 월튼의 첫 번째 소매점이 큰 성공을 거두자 임대인은 아들에게 사업을 물려주려고 임대 계약을 갱신하지 않았다. 월튼은 자기 운명을 한탄하기보다는 짐을 싸고 떠나 다른 마을에서 다시 시작했다.

셀 수 없이 많은 사람이 위와 같은 특성을 보이고, 이들의 삶 자체가 이런 능력의 증거로 존재한다. 그중에서도 가장 유명한 사람이 미국의 16대 대통령 에이브러햄 링컨이다. 링컨은 이 원칙을 실행하여 미국에서 가장 높은 자리까지 올라갔으며 부유하고 보람찬 삶을 살았다. 또한 인류의 역사를 바꿨다.

링컨은 자신의 강점과 약점을 잘 알았다. 그는 독학으로 힘들게 공부했지만 결국에는 변호사가 되어 일반적인 기준으로 어느 정도의 부를 얻었다. 그쯤에서 멈추고 '성공'했다고 인정받을 수도 있었다. 하지만 그는 그 자리에서 얻은 식견과 경험을 활용하여 진정한 관심사를 추구했다. 바로 정치였다.

1832년 3월, 링컨은 일리노이주 주 의회 선거에 출마해서 낙선한다. 1858년에 미국 상원에 출마했지만 또 낙선했다. 1856년에는 공화당 전당 대회에서 부통령 후보 지명에 떨어지기도 했다. 링컨은 이러한 실패에도 굴하지 않고 정치 경력을 이어가면서 신념을 표출했다. 이 무렵에는 노예 제도에 반대하는 링컨의 신념이 널리 알려졌고, 그는 마침내 1858년에 미국 상원에 선출됐다.

링컨의 생각이 낳은 산물은 노예 제도 폐지였다. 링컨이 끊임없이 행동한 결과, 그날 이후 미국과 모든 미국 국민의 삶은 완전히 바뀌었다. 하나도 아니고 둘도 아닌, 수없이 맞

밥 프록터 생각의 시크릿

닥뜨린 역경 때문에 목표를 포기했다면 얼마나 큰 국가적 손실이 발생했을지 상상해 보라.

당신도 할 수 있다

당신에게도 그 가능성이 존재한다. 타고난 위대한 생각의 힘을 활용하여 당신과 다른 이의 삶을 바꿀 수 있다. 생각은 '흔해 빠진' 것으로 묘사되곤 한다. 이런 상투적인 표현이 모순적인 이유는 생각에 무한한 가치가 존재하기 때문이다. 단, 이 생각은 행동으로 옮겨서 실체화해야 한다. 당신이 평생 이룰 수 있는 가장 막대한 부는 생각과 생각을 이루기 위한 행동, 행동이 가져오는 결과에 달렸다.

나폴레온 힐이 『생각하라 그리고 부자가 되어라』에서 소개한 성취 전략과 기술은 이 책에 등장하는 모든 기업가에게 흡수되고 적용됐다. 이들의 성공은 힐 박사의 생각과 행동, 그들의 생각과 행동이 합쳐져서 나온 산물이다. 이들에게서 영감을 받은 사람들도 그렇게 성공한다. 역사는 이런 식으로 반복된다.

『생각하라 그리고 부자가 되어라』의 파급 효과는 100년 동안 퍼져나갔고, 우리 정신에서 시작한 생각이 시대를 초월하여 사람들의 삶을 바꾼다는 사실을 증명했다.

당신이 세상에 미치는 영향의 크기는 생각의 크기와 같다. 그러니 크게 생각하고, 당장 행동해야 한다. 당신만의 성공 신화를 쓰고 그 물결을 계속 퍼뜨려라.

운명을 바꾸는 🔑 생각의 비밀

1. 성공하는 사람들의 8가지 공통점을 내 것으로 만들어라.
2. 행동으로 옮겨서 실체화된 생각에는 무한한 가치가 존재한다.

이 여정을 함께해 준 제 마스터 마인드 그룹에 특별히 감사하다는 말을 전합니다.

여러분은 진정한 최고입니다.

세상을 더 밝은 곳으로 만들어주셔서 고맙습니다.

앨린 리드Allyn Reid, 어밀리아 카이Amelia Cai, 앤지 퐁Angie Fong, 벤 아이젠버그Ben Eisenburg, 다이앤 바커스 쿠더스Diane Bacchus-Quddus, 파비안 탠Fabian Tan, 파르잔 라지푸트Farzan Rajput, 힐리어드 골드윈Hilliard Goldwyn, 질 보스Jill Voss, 조앤 맥길Joan Magill, 로리 테일러Lori Taylor, 마이클 드루Michael Drew, 나하즈 쿠더스Nahaz Quddus, 리처드 배리어Richard Barrier, 샌디 셰너Sandi Shanner, 데이브 마이클Dave Michael, 존 로저스 John Rodgers, 그리고 맷 울컷Matt Wolcott.

– 그레그 S. 리드Greg S. Reid

밥 프록터
생각의 시크릿

초판 1쇄 발행 2022년 10월 24일
초판 8쇄 발행 2024년 1월 5일

지은이 밥 프록터, 그레그 S. 리드
옮긴이 김잔디
펴낸이 김동환, 김선준

책임편집 오시정
편집팀 최한솔, 최구영, 오시정
마케팅팀 권두리, 이진규, 신동빈
홍보팀 한보라, 이은정, 유채원, 유준상, 권희, 박지훈
표지디자인 유어텍스트   **본문디자인** 김혜림
경영관리 송현주, 권송이

펴낸곳 페이지2북스 **출판등록** 2019년 4월 25일 제 2019-000129호
주소 서울시 영등포구 여의대로 108 파크원타워1, 28층
전화 02)2668-5855 **팩스** 02)330-5856
이메일 page2books@naver.com
종이 월드페이퍼   **인쇄·제본** 한영문화사

ISBN 979-11-90977-85-2(03320)